Viele Grüße

Bruno

Was ist Metaphysik?

Zwischen Ambition und Wirklichkeit

Französische Ausgabe:
Métaphysique pour tous, Entretiens avec Bruno Bérard,
L'Harmattan, 2022

Italienische Ausgabe:
Sui sentieri della metafisica, Intervista a Bruno Bérard
Simmetria, 2024

Amerikanische Ausgabe:
Metaphysics for Everyone, Interviews with Bruno Bérard
Angelico Press, 2024

Spanische Ausgabe:
¿Qué es la metafísica? Entre ambición y realidad,
Hipérbola Janus, 2025

Titelbild :
Die Schule von Athen, Raffael, 1512
Zimmer der Signatur der Vatikanischen Museen
Bildnachweis: B. Bérard

Bruno BÉRARD und Annie CIDÉRON

WAS IST METAPHYSIK?

ZWISCHEN AMBITION UND WIRKLICHKEIT

NeoLogique Éditions

Vom selben Autor

Werke

Introduction à une métaphysique des mystères chrétiens (en regard des traditions bouddhiques, hindoue, islamique, judaïque et taoïste), L'Harmattan, 2005, *imprimatur* (Paris) n° 20 (janv. 2003).

Jean Borella : la Révolution métaphysique après Galilee Kant, Marx, Freud, Derrida, L'Harmattan, 2006, Apostille de Jean Borella .

Initiation à la métaphysique. Les trois songes, Vorwort von Michel Cazenave, L'Harmattan, 2009.

Métaphysique du Paradoxe, T. 1. Paradoxes et limites du savoir, T. 2. La Connaissance paradoxale, L'Harmattan, 2019.

Lacuria, un philosophe et théologien occultisant au XIXe s., T. 1 & 2, ART Edition, 2020.

Métaphysique du sexe, L'Harmattan, 2022.

La démocratie du futur, le partage du pouvoir, L'Harmattan, 2022.

Conversations avec ChatGPT sur l'homme, le monde, Dieu et l'intelligence artificielle. Intelligence ou raison artificielle ? Postface de Johannes Hoff, L'Harmattan, 2024.

- auf Deutsch

Was ist Esoterik? zwischen Wahrheit und Fälschung, NeoLogique Éditions, 2025.

- mit Jean Borella

Métaphysique des contes de fées (Metaphysik der Märchen), L'Harmattan, 2011.

- mit Annie Cidéron

Métaphysique pour tous, Entretiens avec Bruno Bérard, L'Harmattan, 2022.

- mit Aldo La Fata

L'ésotérisme pour tous, Entretiens avec Aldo La Fata, L'Harmattan, 2024.

- mit Aldo La Fata und einem befreundeten Mönch

Théologie pour tous, Préface et postface de Johannes Hoff, L'Harmattan, 2024.

- in Anglo-Amerikanisch

A Metaphysics of the Christian Mystery. Introduction to Jean Borella 's Work, ed. John Champoux, Tacoma (WA): Angelico Press, 2018.

Metaphysics for Everyone, Interviews with Bruno Bérard, Angelico Press, 2024.

- auf Italienisch
Introduzione a una metafisica cristiana, Roma: Simmetria, 2021.
Sui sentieri della metafisica. Intervista a Bruno Bérard, mit Annie Cideron, Roma: Simmetria, 2024.
Che cos'è l'esoterismo, tra verità e contraffazioni, mit Aldo La Fata, Chieti: Solfanelli, 2024.
- auf Spanisch
¿Qué es el esoterismo? Entre verdades y falsificaciones, Hipérbola Janus, 2025.
¿Qué es la metafísica? Entre ambición y realidad, Hipérbola Janus, 2025.

Sammelwerke (Hrsg.)
Jean Borella pour tous. Introduction à son œuvre. Hommage à l'occasion de son 95e anniversaire, L'Harmattan, 2025
Physique et métaphysique, L'Harmattan, 2018
Métaphysique et psychanalyse, L'Harmattan, 2013.
Qu'est-ce que la métaphysique?, L'Harmattan, 2010.
- in Anglo-Amerikanisch
Rediscovering the Integral Cosmos: Physics, Metaphysics, and Vertical Causality, Bruno BÉRARD (Einleitung), Jean BORELLA , Wolgang SMITH, Angelico Press, 2018.

Vorworte
Qu'est-ce que la métaphysique? collectif, L'Harmattan, 2010.
Jean BIÈS, *Le soleil se lève à minuit. Initiation aux sagesses du quotidien (Die Sonne geht um Mitternacht auf. Einführung in die Weisheiten des Alltags)*, L'Harmattan, 2011.
Métaphysique et psychanalyse, Kollektiv, L'Harmattan, 2013.
Physique et métaphysique, Kollektiv, L'Harmattan, 2018.
Christian Faure, *Les messages de Vierge aux « voyants » de Medjugorje. Un viatique pour des temps troublés (Die Botschaften der Jungfrau Maria an die „Seher" von Medjugorje. Ein Wegweiser für unruhige Zeiten)*, L'Harmattan, 2024
- in Anglo-Amerikanisch
Jean BORELLA , Wolfgang SMITH, *Rediscovering the Integral Cosmos: Physics, Metaphysics, and Vertical Causality*, Angelico Press, 2018.
Wolfgang SMITH, *The Vertical Ascent, from Particles to the Tripartite Universe and Beyond*, Angelico Press, 2020.

Artikel & Vorträge (Auszug)

« Jean Borella : distinguer entre intelligence et raison », *in Au commencement est le coeur*, Alain SANTACREU (Hrsg.), L'Harmattan, 2010.

« René Guénon , l'ésotérisme et le christianisme », *in Au commencement est le coeur*, Alain SANTACREU (Hrsg.), L'Harmattan, 2010.

« Muss man intelligent sein, um gerettet zu werden? », Contrelittérature Website, 2010.

« Retour vers une métaphysique du Beau », *Du religieux dans l'art*, Alain SANTACREU (Hrsg.), L'Harmattan, 2012.

« Un prêtre indépendant au XIXe siècle : l'abbé Lacuria (1806-1890) », *Politica Hermetica* Nr. 30, 2017 (S. 159 *ff.*).

Vortrag *Politica Hermetica* : « Un prêtre indépendant au XIXe siècle: l'abbé Lacuria (1806-1890) », 10. April 2015, Convent de l'Annonciation, Paris.

« Les Jardins Philosophiques #1: Bruno Bérard », https://www.youtube.com/watch?v=j6IHQJAm8q4, März 2020.

« La notion japonaise "Aïda" », *in* Morena CAMPANI, Mieko MATSUMOTO, *À la recherche d'Aïda*, L'Harmattan, 2022.

- in Anglo-Amerikanisch

"*Unmasking 'AI'*", Website von *Philos-Sophia.org*, 22. Februar 2018.

- auf Italienisch

"La metafisica come anti-dogmatismo e non-sistema", Übers. Aldo La Fata, *Il Corriere Metapolitico*, IIIe Jahrgang, Nr. 9, Dez. 2019.

"Chrono-Sophia, Riflessioni sulla fine dei tempi", Übersetzung. Aldo La Fata, *Il Corriere Metapolitico*, IVe année, Nr. 10, April 2020.

"*La Guarigione in due tempi*", Übersetzung. Aldo La Fata, *Il Corriere Metapolitico,* V. Jahrgang, Nr. 13, April 2021.

"*L'ologramma cristologico o il Cristo olagrammatico*", Übersetzung. Aldo La Fata, *Il Corriere Metapolitico,* V. Jahrgang, Nr. 14, September 2021.

Inhalt

	Exergue	11
Kapitel		
I	Metaphysik und Wissenschaft	13
II	Metaphysische Biographie	27
III	Metaphysik und Religion	45
IV	Metaphysik und Metaphysiker	63
V	Ein Abenteuer in der Metaphysik	81
VI	Metaphysik und Mystik	95
VII	Metaphysik des Glaubens	113
VIII	Metaphysik des Geschlechts	123
IX	Metaphysik und Materie	131
X	Metaphysik und Esoterik	139
XI	Metaphysik und die Zeit nach dem Tod	147
XII	Was ist Metaphysik?	155
	Anhang 1. Die Linie der Analogie	165
	Anhang 2. Die „Heilung" in zwei Schritten	167
	Anhang 3. Einige Texte über den Glauben	169
	Index der Namen	175
	Ausführliches Inhaltsverzeichnis	179

EXERGUE

Drei Dinge haben mich zu diesem Projekt bewegt. Erstens: die metaphysischen Fragen, die sich wohl jeder Mensch stellt – „Was war vorher?“ und „Was wird danach sein?“. Zweitens: das Bedürfnis, möglichst vielen Menschen Zugang zu den großartigen Antworten des menschlichen Denkens aus 2500 Jahren zu ermöglichen – und zwar auf andere Weise als über Fachliteratur, die oft schwer zugänglich ist. Und drittens: die Gelegenheit, Bruno Bérard persönlich zu begegnen.

Dass er bereit war, diesen Austausch in Form von Gesprächen – also durch Fragen, Antworten und offenen Dialog – zu führen, erschien uns als ein einfacherer, jedoch keineswegs vereinfachender Zugang zu einer Reihe metaphysischer Fragen, insbesondere jener, die uns persönlich am meisten betreffen.

Diese Gespräche zogen sich über fast ein Jahr hin; wir nahmen uns wöchentlich einige Stunden Zeit. Das nun vorliegende Ergebnis ist eine schlichte, zugleich aber treue Aufbereitung, die die Gedanken Bruno Bérards unverfälscht wiedergibt. Wie er selbst sagt: Er beansprucht nicht, im Besitz der Wahrheit zu sein – aber dieser Zugang zur Metaphysik bietet den Vorzug einer aufrichtigen, authentischen und persönlichen Darstellung.

Auch die Beiträge großer Metaphysiker fehlen selbstverständlich nicht; sie werden namentlich genannt – um ihnen, ganz im Sinne von „dem Cäsar, was des Cäsars ist“, gerecht zu werden. Zitate wurden auf das Wesentliche beschränkt, Quellen meist in Klammern am Ende eines Abschnitts genannt. Auf Fußnoten haben wir bewusst verzichtet.

Zur besseren zeitlichen Einordnung wurden regelmäßig Lebensdaten einiger Philosophen, Metaphysiker und Wissenschaftler eingefügt.

Es liegt im Wesen einer Einführung in die Philosophie – und umso mehr in die Metaphysik –, dass sie auch persönlich sein darf. Daher wurden zwei Gespräche eigens geführt: eines zur „metaphysischen Biographie“ Bruno Bérards und eines zu seinem „Abenteuer in der Metaphysik“ anhand seiner Bücher.

Wenn durch diese Seiten eine Tür zu einem solchen Abenteuer geöffnet wurde, liegt es an jedem Einzelnen, hindurchzugehen – oder besser: hinauszutreten und sich im freien Raum der Metaphysik zu bewegen.

Möge dieses Buch ein wenig Licht auf die Wege dorthin werfen.

Annie Cidéron

Kapitel I

Metaphysik und Wissenschaft

Dieses Gespräch war das erste, das wir führten; wir mussten mit dem Wort selbst beginnen und uns dann fragen, ob und in welcher Hinsicht die Metaphysik eine Wissenschaft sein kann, d.h. effektives Wissen liefern kann.

Annie Cidéron (AC). Beginnend mit dem Namen fragen sich viele, worum es sich handelt. Können Sie uns etwas über das Wort „Metaphysik“ sagen?

Woher kommt das Wort „Metaphysik“?

Bruno Bérard (BB). Das Wort „Metaphysik“ setzt sich zusammen aus „Physik“, der Wissenschaft von den natürlichen Phänomenen der Welt und der Materie, und „Meta“, also dem, was jenseits der Natur und der Materie liegt. Es dauerte über fünfzehn Jahrhunderte, bis der Begriff seine heutige, präzise Bedeutung erlangte:
- Ursprünglich gibt es die vierzehn Bücher über die Metaphysik von Aristoteles, verfasst im 4. Jahrhundert v. Chr. – das Wort „Metaphysik“ selbst kommt darin jedoch nicht vor.
- Eine erste Bezeichnung erscheint etwa drei Jahrhunderte später durch einen Herausgeber des Gesamtwerks (vermutlich Nikolaus von Damaskus): *ta meta ta physika* – vier Wörter, die wörtlich „das, was nach der Physik kommt“ bedeuten, oder präziser: „die Frage, die sich stellt, nachdem man die physische Welt erkannt hat“.

- Das Adjektiv „metaphysisch“ taucht schließlich als einzelnes Wort im 4. Jahrhundert n. Chr. in einem Werkverzeichnis eines Philosophen auf, vermutlich erstellt von Hesychios von Milet.
- Im Mittelalter bezog sich „Metaphysik“ zwar weiterhin auf die vierzehn aristotelischen Bücher, doch seither bezeichnet der Begriff die Wissenschaft von dem, was jenseits der physischen Welt liegt.

AC. Ist die Metaphysik also eine Wissenschaft?

Was ist eine Wissenschaft?

BB. Die Metaphysik hat im Grunde eine doppelte Quelle: Platon, der ein für alle Mal die Möglichkeit der Erkenntnis immaterieller, unveränderlicher, universeller und geistig erfassbarer Wirklichkeiten begründete, und Aristoteles, der ebenso ein für alle Mal die Strenge des wissenschaftlichen Diskurses festlegte.

Auch wenn es über anderthalb Jahrtausende dauerte, bis man zu dem gelangte, was wir heute unter „Metaphysik“ verstehen, wurde der Gegenstand bereits von Platon philosophisch gedacht und in den Schriften des Aristoteles wissenschaftlich gefasst. Metaphysik ist somit zugleich Philosophie und Wissenschaft.

Jede Wissenschaft wird als „Erkenntnis durch Ursachen“ definiert. Es gibt physikalische Ursachen – etwa die Schwerkraft, die bewirkt, dass alles, was man in die Luft wirft, wieder zu Boden fällt. Es gibt chemische Ursachen – sie ermöglichen es, Stahl (aus Eisen und Kohlenstoff) herzustellen oder Wasser in Wasserstoff und Sauerstoff zu zerlegen.

Doch darüber hinaus gibt es auch radikalere Ursachen, solche, die hinter Fragen stehen wie: „Wer bin ich?“ oder „Warum gibt es überhaupt etwas und nicht vielmehr nichts?“

AC. Richtig, aber in einem Fall haben wir gesicherte Ursachen, im Fall der Metaphysik hypothetische Ursachen, nicht wahr?

BB. Nicht ganz richtig! Zunächst befassen sich die verschiedenen Wissenschaften mit einer Abfolge von Ursachen: Wärme entsteht durch Verbrennung, die Verbrennung benötigt Sauerstoff, der wiederum von den Pflanzen durch Photosynthese mit Hilfe der Sonne und des Chlorophylls erzeugt wird – und so weiter (Pamphile, 1925–2019). Gerade hier liegt die Aufgabe der „Wissenschaft der Wissenschaften", der Metaphysik: das unbestimmte Ballett der sekundären Ursachen zu unterbrechen. Schon die Griechen sagten: *„ananké sténai"* – Man muss anhalten! Diese Kette der zweiten Ursachen muss letztlich auf eine erste Ursache führen – jene, die Aristoteles als den „unbewegten Beweger" bezeichnete. Und es ist kein Geringerer als der Begründer der Wissenschaft selbst, der zu diesem Schluss gelangt!

Zweitens bilden sich die Wissenschaften innerhalb der Grenzen, die sie definieren: Zoologie, Botanik, Geschichte, Mathematik, Psychologie, Chemie, Informatik, Pharmakologie… und können und dürfen diese Grenzen nicht verlassen. Wenn sie an ihre Grenzen stoßen, hören sie entweder auf oder fallen in die Metaphysik ab.

AC. Haben Sie ein Beispiel?

BB. Natürlich ist das so. Im derzeitigen kosmologischen Modell lässt sich die Entwicklung des Universums theoretisch vollständig zurückverfolgen – doch sie endet beim Urknall: einem „Ereignis", das lediglich Bruchteile von Sekunden nach dem eigentlichen Anfang des Universums einsetzt.

AC. Die Physik hat noch nicht das letzte Wort gesprochen!

BB. In der Tat, in dieser Hinsicht ist es das! Sie kann sich nicht mit Ursachen befassen, die über die physische Welt hinausgehen, ohne ihren konstitutiven Bereich zu verlassen – und das ist normal. Die Ursache des Universums ist jedoch nicht Teil des Universums, sie ist jenseits des Universums, sie ist metaphysisch. Da die Ursache nicht zurückverfolgt werden kann (es sei denn, man verlässt die physikalische Wissenschaft), berichtet eine neuere Theorie von Zyklen, die von *Urknall* zu *Urknall* (Verschwinden) reichen, aber die Frage nach ihrer Ursache bleibt unbeantwortet. Warum erscheint das Universum, verschwindet und taucht wieder auf?

AC. Was wäre, wenn die Physik eine materielle Ursache für den *Urknall* finden würde?

BB. Warum nicht. Aber was ist die Ursache dieser materiellen Ursache? Dies führt zu undefinierten Regressionen, zu einer Reihe von zweiten Ursachen, aus denen man jedoch wieder herauskommen muss. Das heißt, um es vereinfacht auszudrücken, dass es neben der Frage nach dem „Wie?" auch die Frage nach dem „Warum?" gibt. Anders ausgedrückt, geht es bei den Naturwissenschaften um *das Erklären*, bei den Geisteswissenschaften um *das Verstehen* (Dilthey, 1833-1911). So beschäftigen sich die Naturwissenschaften sehr effektiv mit dem *Wie,* was Kühlschränke, Medizin und die Reise zum Mond ermöglicht, während es der Metaphysik überlassen bleibt, sich mit dem *Warum* zu beschäftigen. Das wissenschaftliche Denken erfüllt sich in der Technologie, das metaphysische Denken ist immerwährend.

AC. Das ist also die Grenze der Wissenschaft, ihre pragmatische Effizienz. Das ist nicht schlecht.

BB. Das ist richtig. Wenn es jedoch mehr um das *Erkennen* als um das *Tun* geht, wird die Metaphysik wieder in den Vordergrund gerückt. Natürlich gibt es wissenschaftliche Erkenntnisse, aber dabei handelt es sich in der Regel um Theorien, die vorläufig durch die Erfahrung bestätigt werden, d.h. eher um Hypothesen oder Feststellungen als um Erklärungen.

Der metaphysische Ehrgeiz besteht darin, eine Erklärung zu suchen und zu entwickeln.

AC. Ich verstehe, dass die Wissenschaft Grenzen hat, aber hat die Metaphysik keine Grenzen?

Die Grenzen der Wissenschaft.

BB. Bevor ich diese Frage beantworte, möchte ich die Grenzen der Wissenschaft erläutern. Nach meinem Verständnis gibt es vier Arten von Grenzen.

1- Der erste Grund liegt in der Natur ihrer Entstehung als Wissenschaft. Jede Wissenschaft wird durch ein Studienobjekt, das als *materielles* Objekt bezeichnet wird, und eine Perspektive, die als *formales Objekt* bezeichnet wird, definiert. Ein Beispiel soll dies verdeutlichen: Landwirtschaft, Botanik und Pharmakologie haben alle drei Pflanzen als materiellen Gegenstand, aber die eine betrachtet sie aus der Perspektive ihrer Nutzung, die andere aus der Perspektive ihrer Struktur und die dritte aus der Perspektive ihrer Heilkraft. Dasselbe gilt für den menschlichen Körper, der sowohl für die Medizin als auch für die Physiologie und die Anatomie ein materieller Gegenstand ist, aber von der Medizin als Gegenstand der Pflege, von der Physiologie als Sitz der Funktionen und von der Anatomie als Zusammensetzung der Organe betrachtet wird (Chenique, 1927-2012).

AC. Und dieser menschliche Körper wird von der Philosophie als aus Materie und Form bestehend...

BB. Das ist absolut richtig. Da jede Realität unter mehreren Aspekten betrachtet werden kann, kann nur das formale Objekt als Prinzip zur Spezifizierung einer Wissenschaft dienen. Damit ist die Wissenschaft konstituiert, aber ihre Grenzen sind festgelegt.

AC. Das ist klar. Zum Beispiel: Eine Orange mit einem Doppeldezimeter zu untersuchen, wird nicht das gesamte mögliche Wissen über die Orange ergeben.

BB. Genau.

2- Die zweite Ordnung der Grenzen der Wissenschaft ist meiner Meinung nach die relative Reduzierung auf die Quantität zum Nachteil der Qualität. Dies ist die Mathematisierung aller Wissenschaften in der modernen Ära. Die Hybridisierung mit der Mathematik ist besonders in der fundamentalen Physik sichtbar – hier findet quasi eine Verschmelzung statt –, aber diese Quantifizierung wurde zu einer Reduzierung des Wissens über die Dinge auf Messungen, ob es sich nun um Dimensionen handelt – Ihr Beispiel ist die Orange und der Doppeldezimeter –, um Temperaturen, Elektromagnetismus, Radioaktivität, etc. Es wurde sogar ein wissenschaftliches Maß für die Liebe entwickelt.[1]

AC. Es scheint sogar, dass wir mit der Quantenphysik bis zum Ende dieses Messverfahrens gegangen sind, wo die Messung das Ergebnis der Messung beeinflusst.

BB. Das ist völlig richtig. Vor allem denke ich, dass diese Systematisierung der Messung und Quantifizierung zu einer Schwächung des formalen Gegenstands der Wissenschaften geführt hat; immer mehr werden sie durch ihren einfachen materiellen Gegenstand definiert, was zu ihrer undefinierten Vermehrung führt (Onkologie, homologische Algebra, konvexe Geometrie, Neurobiologie, Quanteninformatik, Kolaeopterologie, extragalaktische Astronomie, Arachnologie usw.)

Es gibt auch eine dritte Ordnung der Grenzen der Wissenschaft:

3- Die dritte Ordnung besteht in den Grenzen der Erkenntnis, die die Wissenschaft *selbst* im Bereich ihres Gegenstandes entdeckt hat. Es gibt *konstruktive* Grenzen (das berühmte Gödel-Theorem in der Mathematik oder Poppers Theorem in der Physik über die Gewissheit, die auf ein

---

[1] *Vgl. Métaphysique du sexe (Metaphysik des Geschlechts)*, L'Harmattan, 2022, S. 75-77.

relatives Vertrauen in eine Hypothese reduziert wird), *prädiktive* Grenzen (von deterministischen Systemen in der Mathematik oder die Unmöglichkeit, das Ergebnis einer Messung in der Quantenphysik sicher vorherzusagen), *ontologische* Grenzen (existieren mathematische Objekte? Gibt es ein unabhängiges Quantenobjekt mit eigenen Eigenschaften?) und *kognitive* Grenzen (in der Mathematik gibt es unabhängig vom formalen System unendlich viele wahre Aussagen, die nicht bewiesen werden können, und in der Physik zwingt die Quantenmechanik dazu, auf eine andere Beschreibung der Realität als die ihrer phänomenalen Erscheinung zu verzichten).

AC. Kann man es nicht einfacher ausdrücken?

BB. Sagen wir es so: *Wissenschaftliche* Erkenntnisse werden heute allgemein als hypothetisch, möglich, wahrscheinlich... betrachtet, sind aber nie sicher. Dies gilt natürlich nicht für die technischen Anwendungen der Wissenschaft, die in den meisten Fällen zuverlässig und effizient sind.

4- Aber es gibt noch die vierte Ordnung der Grenzen der Wissenschaft. Sie ist zweifach. Da ist zunächst, unter den vier von Aristoteles definierten Ursachen, die Aufgabe der letzten Ursache, der Finalität, des bereits erwähnten "Warum?". Bedeutsam sind hier die *abweichenden* wissenschaftlichen Ansätze, die versuchen, diese letzte Ursache zu rehabilitieren. Beispiele hierfür sind die Theorie der morphogenetischen Felder, das anthropische Prinzip oder das intelligente Design. Der andere Aspekt ist sehr einfach und ermöglicht den Einstieg in die Metaphysik: Es ist der Unterschied zwischen existieren und sein. Die Wissenschaft befasst sich mit dem, was existiert, die Metaphysik befasst sich neben dem, was existiert, auch mit dem, was ist.

Was ist das Sein?

AC. Es ist also eine Unterscheidung zu treffen, die sich jedoch auf zwei Synonyme zu beziehen scheint.

BB. Es scheint so, aber es ist nicht so, Sie werden sehen. Nehmen wir einen Kieselstein, eine Rose, einen Löwen und einen Menschen. Was der Stein, die Rose, der Löwe und der Mensch gemeinsam haben, ist, dass sie sind. Es gibt Sein statt Nichts.

Der Stein zerfällt zu Staub, die Rose stirbt, der Löwe und der Mensch auch. Was bleibt, wenn sie verschwunden sind, ist das Sein. Sie *konnten* existieren, d.h. sie konnten aufrecht (*sister*) nach außen (*ex*) stehen, weil es Sein gibt. Das Sein ist das, was das „Hervortreten aus dem Nichts" (Borella, 1930-) ermöglicht, und ohne das nichts existieren würde.

Alle Dinge, die existieren, beziehen sich auf diese Auffälligkeit als ihre Ursache. Nicht umsonst kommt "Ding" vom lateinischen Wort *causa* (Ursache, Grund, Motiv), während *rem* (von *res*, das Ding) zu „nichts" wurde.

Man kann sagen, dass das Sein eine frühere Notwendigkeit ist, eine Kausalität, die alles Existierende transzendiert; es ist eine *transzendente Kausalität*, d.h. eine, die jenseits und oberhalb liegt, die von einer höheren Ordnung ist. Daher wird dieses Wesen, das hinter den Dingen steht, von vielen als „Gott" bezeichnet; Gott ist das Wesen. Und noch mehr, wie wir sehen werden. Aber es gibt noch etwas anderes: Was die Rose, der Löwe und der Mensch gemeinsam haben, ist das Leben, ist das Leben; daher nennen manche Gott auch „den Lebenden" (Lanza del Vasto, 1901-1981).

AC. Ich beginne zu verstehen, worum es bei der Metaphysik geht, aber ich bin immer noch überrascht, dass Gott etwas damit zu tun hat.

BB. Es stimmt, dass die moderne Wissenschaft Gott per Verfassung ausschließt; „Ich habe diese Hypothese nicht gebraucht", soll der Astronom und Physiker Laplace zu Napoleon gesagt haben (und damit Newtons Hypothese von göttlichen Eingriffen in die damals unerklärten Bewegungen der Planeten widerlegt haben). Hier müssen wir jedoch zum

Ursprung der Metaphysik zurückkehren. Es war eine große Überraschung im christlichen Mittelalter zu entdecken, dass *der* sogenannte Philosoph (Aristoteles), lange vor Christi Geburt, durch die Vernunft zur Existenz Gottes gelangt war.

Die Metaphysik des Aristoteles ist eine doppelte Wissenschaft. Es gibt eine Seite, die sich auf das *Sein als Sein* bezieht, d.h. das Sein, das über jedes physische Sein hinausgeht und das bei Aristoteles keine besondere Bezeichnung hat. Die andere Seite bezieht sich auf das *erste Sein*, den ersten unbeweglichen Motor oder die erste Ursache, zu der man durch Vernunft gelangt. Diese Seite wird von Aristoteles als „erste Philosophie", „Weisheit" und „Theologie" (Wissenschaft von Gott) bezeichnet. Diese beiden Seiten, die nie miteinander vermischt wurden, bildeten in der Antike und im Mittelalter eine einzige Wissenschaft, bis sich die Philosophie vollständig von der Theologie trennte und das Studium des Seins als Sein im 17. Jahrhundert als Ontologie bezeichnet wurde (Clauberg, 1622-1665).

Immer noch bin ich heute der Meinung, dass Metaphysik notwendigerweise beide Seiten umfasst. Gott mag das erste Seiende sein, aber er ist vor allem die Quelle des Seins und als solche jenseits von Sein und Nichtsein.

AC. Das Nicht-Sein... ich bin verwirrt.

Was ist mit dem Nicht-Sein?

BB. Ganz einfach, Gott kann nicht auf das Sein reduziert werden. Da er die Ursache des Seins ist, ist er notwendigerweise jenseits davon. Einige bezeichnen ihn als Über-Sein (Schuon), andere als Nicht-Sein (Guénon). Wenn das Ontologische sich auf das Sein im Allgemeinen bezieht (das Sein als Sein, Aristoteles folgend), so geht man mit Gott zum Überontologischen über (das Jenseits des Seins).

AC. Nicht zu vergleichen mit dem Nichts!

BB. Absolut nichts. In unserer Welt spricht man aufgrund der Tatsache, dass die Dinge nicht vollständig da sind, weil ihre Wurzeln, ihre Quelle, ihre Ursache fehlen, auch von Nicht-Sein (in Kleinbuchstaben). Vereinfacht gesagt beginnt die Geschichte mit Parmenides, der seiner berühmten Aussage in seiner *Abhandlung über die Natur* folgte: „Das Sein ist, das Nichtsein ist nicht". Dies bedeutet, dass es für ihn nur das Sein gibt, das in der Lage ist, durch das Verständliche zur Wahrheit zu gelangen; als solches ist das Sein unveränderlich, unbeweglich und schließt alles Nicht-Sein aus. Im Gegensatz dazu behauptet Heraklit, dass

> Nichts ist also eher dies als das, sondern alles wird es. Die Dinge sind nie vollendet, sondern werden ständig neu geschaffen [...]. Die Dinge sind Zusammenstellungen von gegensätzlichen Kräften, und die Welt ist eine Mischung.

Und es ist Platon zu verdanken, dass er zu dem Schluss kam, dass „das Nicht-Sein in gewisser Hinsicht ist und das Sein seinerseits in gewisser Weise nicht ist" (Der *Sophist* 241d), denn „das Sein ist Macht", „Fähigkeit zur Beziehung".

AC. Ist das nicht sehr ungenau?

BB. Dies ist zwar nicht die ultimative Definition des Seins (die sich zwangsläufig entzieht), aber sie erinnert daran, dass das Sein sowohl durch die Idee der Identität (seine Behauptung) als auch durch die Idee der Andersartigkeit (seine Beziehung zu dem, was es nicht ist) gekennzeichnet ist. Ein Wesen ist sowohl das, was es ist (z.B. ein Löwe), als auch das, was es nicht ist (z.B. ein Löwe ist keine Katze), so dass es nie eine vollständige Definition gibt und vor allem, dass Sein und Nichtsein keine Gegensätze sind, sondern einfach andere:

> Wenn wir das Nicht-Sein sagen, so scheinen wir damit nicht etwas zu sagen, was dem Sein widerspricht, sondern nur etwas anderes. [...] Das Sein und das Andere durchdringen alle Arten und durchdringen einander (Der *Sophist* 257b, 259a).

AC. Sind wir mit der Metaphysik immer noch bei Plato und Aristoteles ?

BB. Da sie die Metaphysik sowohl gedacht als auch etabliert haben, der eine mit seinem emblematischen *Parmenides*, der andere mit seiner *Metaphysik*, ist man dazu verurteilt, immer wieder auf sie zurückzukommen. Martin Heidegger , Julius Evola , Jean Borella , zum Beispiel, gehören zu den vielen zeitgenössischen Metaphysikern, die sich auf sie berufen. Zwar wurden in den letzten 2500 Jahren immer ausgefeiltere Überlegungen angestellt, aber die Grundlagen blieben unverändert. Die größten Erschütterungen gab es in der Neuzeit, als Kant im 18. Jahrhundert versuchte, die Unmöglichkeit der Metaphysik zu beweisen, oder als René Guénon (1886-1951) zu Beginn des 20.

AC. Es wird interessant sein, dies in einem zukünftigen Interview zu besprechen. Nachdem wir über die Grenzen der Wissenschaft gesprochen haben, können wir nun die Frage nach den Grenzen der Metaphysik beantworten?

Die Grenzen der Metaphysik.

BB. Es ist ein interessanter Ansatz, diese Frage zu stellen. Im einfachsten Fall muss sich die Metaphysik, die sich mit dem ersten Wesen, dem Absoluten oder dem ersten Prinzip befasst, dem Unerkennbaren beugen, aber dies ist eine absolute Grenze und keine relative Grenze für die Metaphysik als solche. Tatsächlich kann man in der Metaphysik unterscheiden, was sie als Wissenschaft und was als Weg ist. Als Wissenschaft kann sie die Beziehung zwischen dem Absoluten und dem Relativen belegen, als Weg tritt sie vor ihrem Objekt zurück.

Das Ausblenden ist sogar seine besondere Eigenschaft. Sobald sie den Geist in der Transparenz der Intelligenz zur Realität der Dinge geführt hat, wird jedes Konzept zugunsten der Sache selbst aufgegeben (Aubenque, 1929-2020 ; Borella).

Dies ist Wissen durch Teilnahme, im Gegensatz zu Wissen durch Abstraktion. Der Abstand zwischen Subjekt und Objekt wird durch diese Teilnahme gewissermaßen aufgehoben, während er sonst aufrechterhalten wird (das *Subjekt* abstrahiert eine Kenntnis des *Objekts*).

AC. Aber sind wir dann mit der Teilnahme nicht in der Subjektivität?

BB. Ganz im Gegenteil, es ist die Transparenz der Intelligenz. Sie ist von Natur aus objektiv – ansonsten wüssten wir nicht, was Objektivität bedeutet (Borella). Der Mensch, der völlig in seiner Subjektivität eingeschlossen ist, könnte sich nicht einmal den Begriff der Subjektivität vorstellen, wenn er nicht die Fähigkeit zur Objektivität hätte (Schuon, 1907-1998). Nur der Mensch kann aufgrund der Natur seiner Intelligenz die Welt als eine objektive Realität betrachten.

AC. Wäre nicht zumindest eine scheinbare Grenze zu erwähnen, nämlich die Tatsache, dass „jede metaphysische Frage den Metaphysiker impliziert, der sie stellt" (Heidegger, 1889-1976)?

BB. Dies wurde bereits von Aristoteles angedeutet: „Es ist nicht der Verstand, der erkennt, sondern der Mensch". Wenn dies nicht in Begriffen der Subjektivität interpretiert werden kann, so ist dies wiederum auf die Transparenz der Intelligenz, ihre inhärente Objektivität, zurückzuführen. Intelligenz ist der Sinn für das Reale; das Reale macht für die Intelligenz Sinn, so wie das Sichtbare für das Sehen und das Hörbare für das Hören Sinn macht (Borella). Diese Einbeziehung des Denkers der Metaphysik ist das, was die Metaphysik zu einem Weg macht, zusätzlich zu dem, dass sie eine Wissenschaft ist.

AC. Dies erklärt zweifellos die Unterschiede zwischen den jeweiligen Metaphysiken der Metaphysiker.

BB. Natürlich ist es das. Die Gemeinsamkeit aller Metaphysik ist die Erfahrung des Intellekts als Spiegel eines Lichtes, das ihn übersteigt und transzendent ist. Der Rest ist nicht frei von persönlichen Empfindungen, Ansichten und Interpretationen. Diese unausweichliche Prägnanz des Individuums birgt die Gefahr, in zwei verschiedene Fallen zu tappen.

AC. Ich bin sehr neugierig darauf, sie kennenzulernen.

Die Hauptfallen in der Metaphysik

BB. Ich sehe zwei Hauptfallen in der Metaphysik. Die erste besteht in einem gewissen intellektuellen Hochmut: Man sieht nur noch die Intelligenz des metaphysischen Diskurses und vergisst, dass diese Intelligenz nicht die unsere ist. Es bedeutet, sich über andere zu erheben, die keinen intellektuellen Zugang dazu haben. Glücklicherweise ist der Intellekt nicht der einzige Zugang zur Transzendenz; daher mein Artikel „Muss man intelligent sein, um gerettet zu werden" (2010).

AC. Die Antwort liegt in der Frage!

BB. Natürlich. Und ich denke, dass es ebenso wenig Sinn macht, einen Metaphysiker, sei es Platon, Guénon oder Borella , in irgendeiner Weise zu „vergöttern".

AC. Was ist mit der zweiten Falle?

BB. Ein metaphysisches *System* zu errichten, das fast mathematisch ist[2]. Dies bedeutet, dass man in die einfache Begrifflichkeit zurückfällt, in das Gefängnis der rationalen Logik, und so die Betrachtung der Essenzen aus den Augen verliert (Platon) oder einfach vergisst, dass das einzig wahre Licht dasjenige ist, das der Intellekt nur reflektiert.

---

[2] Siehe « La métaphysique comme anti-dogmatisme et comme non-système » ("Die Metaphysik als Anti-Dogmatismus und Nicht-System") *in Qu'st-ce que la métaphysique? (Was ist Metaphysik ?)* (L'Harmattan, 2010) oder *« La metafisica come anti-dogmatismo e non-sistema »*, Übersetzung bei Aldo La Fata, *Il Corriere Metapolitico,* IIIe Jahrgang, Nr. 9, Dez. 2019.

Kapitel II

Metaphysische Biographie

Dieses Gespräch fand nach mehreren Sitzungen statt, als mir klar wurde, dass man als Metaphysiker einige Wurzeln im Erleben finden muss. Es wurde auch gesagt, dass „jede metaphysische Frage den Metaphysiker einschließt, der sie stellt" (Heidegger). Ich stellte Bruno Bérard einige persönliche Fragen und entschied mich, dieses Interview an den Anfang dieser Sammlung zu stellen, direkt nach einer ersten Annäherung an das, was Metaphysik sein kann (Kap. I. Metaphysik und Wissenschaft).

AC. Angesichts des persönlichen Charakters jedes echten Einstiegs in die Philosophie möchte ich Ihnen einige persönliche Fragen stellen. Wie kommt es im Leben dazu, dass man Philosoph wird? Wie wird man Metaphysiker?

BB. Zunächst muss klargestellt werden, dass ich nicht sagen kann, dass ich *ein* Philosoph oder Metaphysiker bin. Ich bin kein Fachmann oder Lehrer in diesen Disziplinen. Diejenigen, die als Metaphysiker bezeichnet werden, sind u.a. Platon und Aristoteles in der Antike, Descartes und Leibniz in der Neuzeit und Guénon, Schuon und Borella im 20.

AC. Sind es so wenige?

BB. Dies ist natürlich nur eine Auswahl und wir können einige schöne Namen hinzufügen, wie Plotin, die Heiligen Thomas von Aquin und Bonaventura, Meister Eckhart , Bergson, Blondel, Heidegger, und unter anderen Himmeln (Islam, Indien, China, Japan), Lao Tse, Śaṅkara, Nagarjuna, Al-Fārābī, Avicenna, Averroes, ibn ʿArabī, Dōgen, Kūkai, Kitarō

Nishida. Und man könnte auch all jene hinzufügen, die sich teilweise damit befasst haben...

AC. Kommen wir also zu dieser „metaphysischen Biographie" zurück. Wenn Sie weder Philosoph noch Metaphysiker sind, was ist dann mit all Ihren Büchern über Metaphysik?

BB. Tatsächlich gebe ich gerne zu, dass ich Philosoph und Metaphysiker bin, aber das ist jeder, der versucht, „weiter zu denken". Wie auch immer, „der Mensch ist ein metaphysisches Tier", sagte Schopenhauer.

AC. Dann sagen Sie mir, wann Sie sich dessen bewusstwurden, wann Sie anfingen, wie ein Philosoph oder Metaphysiker zu denken.

BB. Es ist wahr, dass mehrere Ereignisse mich so stark geprägt haben, dass ich mich bis heute daran erinnere und sie im Gedächtnis behalten habe.

AC. Traumata sind konstitutiv für die Identität, wie Boris Cyrulnik (1937-) sagt...

Worte und Gedanken

BB. Sicherlich, obwohl „Trauma" in meinem Fall übertrieben wäre! Von diesen Ereignissen war eines der grundlegendsten, als ich im Alter von sieben Jahren den Pfadfindern beitrat. Ich hatte ein Bild von Rechtschaffenheit, Ehrlichkeit und täglichen guten Taten. Schon am ersten Tag wollte ich bei einem Spiel (Suche nach einem Schatz, der von der anderen Mannschaft versteckt wurde) diese Rechtschaffenheit überprüfen, indem ich einem Mitglied der gegnerischen Mannschaft Geld anbot, damit er mir den Ort des Schatzes verrät (ich hatte übrigens kein Geld). Ich war natürlich sofort von seiner Rechtschaffenheit überzeugt, da er so überrascht war und es ablehnte. Als die Leiterin mich später fragte, was ich mir dabei gedacht hatte, wurde mir bewusst, dass mir das Wort "Rechtschaffenheit" fehlte. Ich konnte nur sagen, dass „es war, um zu sehen, ob er nett ist" (was etwas anders bedeutet), während ich dachte, dass „es war, um seine Rechtschaffenheit zu prüfen". Mir wurde bewusst, wie nützlich Worte sind, um Gedanken auszudrücken, was banal ist, aber vor allem, dass Gedanken über Worte hinausgehen.

AC. Was bedeutet das?

BB. D.h. es gibt auf der einen Seite die Betrachtung der Ideen, d.h. Platon, der ein für alle Mal die Möglichkeit metaphysischer Erkenntnis festlegt, und auf der anderen Seite den Ausdruck von Ideen mit Worten, d.h. Aristoteles, der ein für alle Mal die Strenge des wissenschaftlichen Diskurses festlegt.

AC. Es gibt also Wissenschaft auf der einen Seite und Spekulation auf der anderen?

BB. In der Tat, ganz und gar nicht! Das Wort kommt vom lateinischen *speculum*, was „Spiegel" bedeutet, d.h. die Ideen werden in uns hineingelegt, wir empfangen sie, indem wir sie reflektieren.

Vor allem aber gibt es keine Wahl, der menschliche Geist ermöglicht beide und braucht beide. Lange Zeit wurde eine dieser Fähigkeiten als Vernunft bezeichnet, die den wissenschaftlichen Diskurs und die Argumentation ermöglicht, während die andere als Intelligenz oder Intellekt bezeichnet wurde, der es ermöglicht, die Argumentation zu verstehen, die ansonsten nur eine einfache logische oder mechanische Berechnung ist. Man kann sich nicht zwingen, etwas zu verstehen, was man nicht versteht, sagte die Philosophin Simone Weil (1909-1943).

AC. Ich verstehe, aber inwiefern ist dies eine metaphysische Erfahrung?

BB. Die ganze Möglichkeit der Metaphysik liegt hier. Wenn es keinen Empfänger im Menschen gäbe, der das reflektiert, was jenseits der physischen Welt liegt: *das* Metaphysische, oder das, was jenseits der Natur liegt: das Übernatürliche, wäre die Metaphysik unmöglich. Um es mit Platon zu sagen, könnten wir nicht an den *Ideen* teilhaben. Bestenfalls könnte man Konzepte entwickeln, konstruieren oder sich sogar nur vorstellen, was über die Welt hinausgeht.

AC. In Ordnung. Und gibt es noch weitere solcher Veranstaltungen?

BB. Als ich 14 Jahre alt war und in einem Skikurs war, machten sich einige ältere Schüler einen Spaß daraus, diejenigen, die dieses Vokabular nicht kannten, als „skatophagische Nymphomaninnen" zu bezeichnen. Ich muss zugeben, dass dies ein wenig frustrierend war, aber es war eine Gelegenheit zu verstehen, wie wichtig es ist, die richtigen und präzisen Wörter zu verwenden und vor allem, dass Wörter dazu dienen, zu kommunizieren. Es ist wieder einmal ziemlich banal, aber deshalb wird die Herausforderung dieses Interviews darin bestehen, über Metaphysik ohne philosophischen Jargon zu sprechen.

AC. Das ist in der Tat unser Ziel. Um es noch einmal zu verdeutlichen, könnten Sie also sagen, wie Sie die Beziehung zwischen Worten und Gedanken sehen?

BB. Ich denke, dass es folgende Dialektik gibt: man denkt und findet dann das richtige Wort, um seine Gedanken möglichst präzise auszudrücken (dies war meine Erfahrung am ersten Tag bei den Pfadfindern); parallel dazu ermöglichen die Worte, die man lernt (mit den Begriffen oder Konzepten, die sie vermitteln), das Denken zu verfeinern oder sogar zu entfalten (die Erfahrung im Skikurs). Aber das Denken wird immer über die Worte hinausgehen, es ist nicht auf die Sprache reduziert, mit der es ausgedrückt werden kann. Ein rationales und logisches Denken, das sich auf die Vernunft stützt, reduziert das Denken auf diese rationale Konstruktion im Vergleich zu einem intuitiven oder an den Ideen teilnehmenden Denken, das die intellektuelle Intuition ist. Die Poesie ermöglicht es, diese Erfahrung zu machen.

AC. Aber bei der Poesie handelt es sich um eine emotionale Angelegenheit.

BB. Zum Teil sicherlich, aber diese Emotion ist das Gegenstück zu dem, was intellektuell wahrgenommen wird und was *zwischen den Zeilen* und *jenseits der Worte* liegt. Um die Frage anders zu stellen, gibt es zwei Möglichkeiten, mit dem Denken aufzuhören: Handeln und Kontemplation (Borella).

AC. Was bedeutet das?

BB. In einem Fall wird eine Sache, über die man nachgedacht hat, in die Tat umgesetzt, im anderen Fall wird die denkende Person dazu gebracht, über das Wort (oder das Konzept, für das das Wort steht) hinauszugehen und an der Idee, die es bezeichnet, teilzuhaben. Typischerweise haben wir in einem Fall die rationale Erkenntnis der modernen Wissenschaft, die sich in der Technik vollzieht, im anderen Fall haben wir die metaphysische Erkenntnis, die sich in der Kontemplation vollzieht. Dies ist ein Zugang zu dem, was die Wörter und die damit verbundenen Konzepte bezeichnen.

AC. Aber auch ein Physiker z.B. hat Zugang zu den Bedeutungen der physikalischen Konzepte.

BB. Das ist absolut richtig. Die beiden Instanzen der Vernunft und des Verstandes sind jedem Menschen und jeder Aktivität gemeinsam. Der Hauptpunkt, die metaphysische Erfahrung, ist einfach die *Anerkennung* der Tatsache der intellektuellen Intuition. Dieser intellektuellen Intuition entspricht die Existenz von Sinn, Bedeutung, Signifikanz (Borella), und das ist genial – man kann Sinn nicht erschaffen, er ist gegeben. Man „versteht", weil man auf eine Bedeutung stößt und über den „Spiegel" der Intelligenz verfügt, um diese Bedeutung wieder zu erkennen. Dies ist nicht ganz Platons berühmte Reminiszenz. Seine Lehre leitet ab, dass man neue Dinge nur durch Wiedererinnern erkennen kann, hier wird lediglich gesagt, dass man diese neuen Dinge erkennt, weil man zuvor mit dem entsprechenden Werkzeug ausgestattet wurde. Die Gemeinsamkeit liegt in dieser „Voraussetzung". „Du würdest mich nicht suchen, wenn du mich nicht schon gefunden hättest", schrieb Pascal (1623-1662) nach Bernard de Clairvaux (1090-1153).

Die anderen, die Alter Egos

AC. Wollten Sie ein anderes „metaphysisches" Ereignis in Ihrem Leben erwähnen?

BB. Ja, dieses andere Ereignis, das mich tief geprägt hat, ist ebenfalls zweifach: mit fünf Jahren und mit zwölf Jahren. Meine früheste Erinnerung ist, dass ich im Alter von fünf Jahren, als ich hauptsächlich mit meiner Mutter und meiner Großmutter in Kontakt war, plötzlich im Eingang der Wohnung in Nancy, in der wir damals wohnten, stehen blieb und mir bewusst wurde, dass mein Vater existiert. Ich sagte mir: „Es stimmt, dass er existiert, ich muss mich um ihn kümmern". In der Tat war es das Verlassen eines weiblichen und mütterlichen Kokons, ein erster Blick auf andere.

AC. Was ist mit Ihrer metaphysischen Interpretation?

BB. Sie ist natürlich für dieses junge Alter sehr kurz und eine psychologische Interpretation, die zu offensichtlich ist, wäre sehr banal. Metaphysisch gesehen war dieses Ereignis, glaube ich, die Entdeckung, dass man nicht allein oder im Mittelpunkt steht, sondern einer unter vielen ist. Hier wurde mir das Geheimnis der Vielfältigkeit der Wesen angesichts der Einheit des Seins bewusst. Natürlich habe ich das damals so erlebt, aber nicht so gemeint. Die Frage des individuellen Schicksals in Bezug auf ein kollektives Schicksal der Menschheit hat mich jedoch lange beschäftigt. Wir werden sicherlich noch darauf zurückkommen.

AC. Was ist mit der Erfahrung im Alter von 12 Jahren?

BB. Als ich in die Pubertät kam, begann ich, die Erwachsenen mit kritischen Augen zu betrachten. Ich fand die Art und Weise, wie sie alle in ihre soziale Rolle schlüpften, äußerst lächerlich. Selbst über ihre Funktion hinaus sah ich, wie ein Arzt seine Rolle spielte, ebenso wie ein Polizist, ein Lehrer, ein

Onkel, ein Verkäufer in einem Geschäft, ein Politiker… Jegliche Authentizität war verschwunden, jegliche Tiefe. Es schien mir sogar, dass diese gespielten Charaktere ihnen erlaubten, böse zu sein oder einfach nicht nett und wohlwollend. Das ist das Bild des Nazi-Folterers, der nur Befehle befolgt; es ist also nicht seine Schuld! Der Charakter, die Rolle, ermöglicht somit Verantwortungslosigkeit. Das Unbehagen in mir war so groß, dass ich morgens und abends betete, dass ich niemals „dumm wie ein Erwachsener" werden würde. Dies dauerte einige Jahre und ich erinnere mich, dass ich im Alter von siebzehn Jahren „aufwachte", nachdem ich leider eine Zeit lang vergessen hatte, diese Gebete zu sprechen, und mir sagen konnte: „Puh, es hat funktioniert!"

AC. Und konnten Sie auf dieser Grundlage ein Erwachsenenleben führen?

BB. Ich habe es geschafft, aber natürlich hat es mich in meiner beruflichen Karriere in Industrieunternehmen behindert. Es wurde eine Studie veröffentlicht, die zeigt, dass es die asozialsten Menschen sind, die es in die Führungsetagen großer Unternehmen schaffen…

AC. Was ist mit der metaphysischen Interpretation?

BB. Sie ist ganz einfach und ergänzt die Erfahrung der fünf Jahre. Hinter der Existenz der vielen anderen, jenseits der gespielten Charaktere, verbirgt sich eine tiefe Verbindung, eine *relative Identität* zwischen allen, eine *metaphysische Solidarität*. Diese Solidarität kann als Liebe bezeichnet werden, die die metaphysische Verbindung par excellence ist, und alle Verbindungen sind mehr oder weniger eng mit ihr verbunden…

Welches Berufsleben?

AC. Dies wird sicherlich ein Punkt sein, auf den wir zurückkommen werden. Um dieses Gespräch fortzusetzen, könnten Sie uns etwas mehr über Ihr Leben erzählen, sowohl beruflich als auch „metaphysisch“, jetzt, da Sie das Rentenalter erreichen?

BB. Warum nicht! Die drei Hauptmerkmale meiner Hauptberufstätigkeit sind das Glück, immer auf der ganzen Welt gearbeitet zu haben – und daher mit vielen verschiedenen Kulturen in Kontakt gekommen zu sein –, in industriellen Aktivitäten (mit wissenschaftlichem Charakter und herausfordernder Komplexität) und in globalen Führungspositionen, wobei ich mich schnell auf Strategie und (Unternehmens-) Finanzen spezialisiert habe.

Doch so „intelligent“ diese berufliche Tätigkeit auch sein mochte, die manchmal auch mit dem Unterrichten verbunden war, so war sie mir doch nie genug. Daher begann ich im Alter von 20 Jahren mit dem Studium der Metaphysik und begann im Alter von 30 Jahren mit dem Schreiben für ein erstes Buch, das ich im Alter von 47 Jahren veröffentlichte. Mit 20 Jahren wollte ich bereits die Welt und das Leben synthetisch beschreiben, um sie mit anderen zu teilen, heute, mit 63 Jahren, verstehe ich, dass ich schließlich besser in der Lage bin, dies zu tun und ich freue mich über die Gelegenheit unserer Interviews. Sie sollen uns helfen, uns auf das Wesentliche zu konzentrieren und es in einer klaren Sprache zu teilen – hoffentlich!

AC. Sie sagten: „Hauptberufliche Tätigkeit“, also gibt es noch andere.

BB. Ich hatte auch das Glück, dass meine ersten beiden Bücher bei L'Harmattan erschienen sind und ich habe den Transfer der Delphica-Reihe von L‘Âge d'Homme, die jetzt *Théôria* heißt und an der ich von Anfang an mitgearbeitet habe, dorthin erleichtert. Parallel dazu ermutigte mich der Direktor von L'Harmattan, Denis Pryen, dort eine Kollektion aufzubauen. Natürlich habe ich diese Chance ergriffen und eine Metaphysik-Kollektion mit dem ersten Titel, den *Souvenirs métaphysiques d'Orient et d'Occident (Metaphysische*

Erinnerungen aus Orient und Okzident) von François Chenique, ins Leben gerufen. Ich wollte, dass diese Sammlung Texte zur konkreten oder illustrierten Metaphysik, Dialoge, Sammelbände zu bestimmten Themen wie *Qu'est-ce que la métaphysique ? (Was ist Metaphysik?) Métaphysique et psychanalyse (Metaphysik und Psychoanalyse)*, *Physique et métaphysique (Physik und Metaphysik)*, *Métaphysique des contes de fées (Metaphysik der Märchen)*... Ich wollte diese Reihe „*La métaphysique apprivoisée*" („Die gezähmte Metaphysik") nennen, aber L'Harmattan entschied sich für „Métaphysique au quotidien" („Metaphysik im Alltag").

AC. Und kann man sagen, dass diese Kollektion gut läuft?

BB. In seinem Umfang ist es akzeptabel und wir konnten in fünfzehn Jahren etwa zwanzig Bücher veröffentlichen.

Es gibt noch eine letzte berufliche Aktivität, die mich seit etwa fünfzehn Jahren beschäftigt und die ich erwähnen möchte. Es handelt sich um eine Tätigkeit als Berater für Strategie und Fusionen und Übernahmen, insbesondere in der Luftfahrtindustrie. Um es kurz zu machen, sagen wir, dass ich das Glück hatte, dass Boeing zu mir kam, um an ihrer Vertriebsstrategie mitzuarbeiten.

AC. (lacht), das ist eine Menge Arbeit! Aber was Ihren Einstieg in die Metaphysik vor der Gelegenheit, bei L'Harmattan zu veröffentlichen, betrifft, kann ich mir vorstellen, dass er durch einige wichtige Begegnungen zustande kam...

Vier markante Begegnungen.

BB. Das ist richtig. Diese Begegnungen waren von grundlegender Bedeutung; man macht sich nicht selbst! Ich werde nicht von den entscheidenden beruflichen Begegnungen sprechen, die ich hatte, sondern nur von denen, die sich auf die Metaphysik bezogen. In diesem Bereich, in dem man sagen kann, dass alles bereits gesagt wurde, bleibt nur noch, es anders und so gut wie möglich zu sagen. Hier sind Begegnungen mit Menschen oder Büchern wahre Schlüssel: Sie öffnen Türen im Geist. Diese Personen waren mein Vater, Pamphile, Lanza del Vasto , François Chenique und Jean Borella .

AC. Können Sie ein paar Worte zu jedem sagen?

BB. Natürlich! Ich hatte das Glück, einen Vater zu haben, der in vielen Disziplinen ausgebildet war (Mathematik, Astrologie, Physik, Diätetik, Philosophie, Yoga, Botanik, Theologie...), der vor seiner Heirat das Priesterseminar absolvierte, an der Entwicklung von Yoga in Frankreich beteiligt war (zeitweise Vorsitzender des französischen Verbandes), östliche Philosophie (vedānta, sāṃkhya) unterrichtete; all dies, während er als Ingenieur im Sozialdienst der Charbonnages de France (nationale Kohleindustrie) arbeitete und nicht zu vergessen die Veröffentlichung zahlreicher Bücher (darunter Gedichte, die von der Académie française gekrönt wurden).

AC. Beeindruckend!

BB. Aber er ist noch viel besser. Er nannte sich Pamphile, d.h. „der alles liebt“, und sein Ruf für seine Freundlichkeit, sein Wohlwollen und sein Verständnis für andere ist nicht übertrieben. Er zitierte Baden-Powell, den Gründer der Pfadfinder, indem er den ganzen Satz wiedergab („In jedem Jungen gibt es mindestens 5% Gutes. Es liegt an Ihnen, dies zu entdecken und bis zu 90 oder 95% zu entfalten“) zu folgendem: „In jedem *Mann* gibt es mindestens 5% Gutes“ und gegenüber allen, einschließlich seiner beiden Kinder, hatte er nur diese 5% im Sinn. Es war natürlich eine positive Pädagogik, die durch Beispiel und Vertrauen geprägt war und an der unsere Mutter immer teilnahm.

AC. Was könnte besser sein? Und was genau verdanken Sie ihm?

BB. Ich würde drei Dinge sagen, um es kurz zu machen (lacht). Als Teenager entsetzlich, scheinbar naiv gegenüber den Händlern, wurde ihre „Freundlichkeit“ schließlich zu einem Modell für die Beziehung zu anderen und ich sehe, dass meine Schwester dieses Modell übernommen hat. Alles in allem ist diese „Freundlichkeit“ sehr eng mit dem verwandt, was im Christentum als Nächstenliebe und im Buddhismus oder Islam als Mitgefühl bezeichnet wird. In der christlichen oder hinduistischen Metaphysik gibt es die Wege der Vereinigung mit dem Absoluten durch Wissen (der Intellekt als Fährmann) und durch Liebe (Hingabe), und natürlich konvergieren sie zu einem einzigen. Ohne die Liebe zur Weisheit oder die Weisheit der Liebe (Philo-Sophie) kommt man nicht weit.

Ein zweiter Beitrag war das Schreiben, ob es sich nun um klare und korrekte Darstellungen oder um Gedichte handelte. Ich erinnere mich an einen Schulaufsatz, den er für mich vor meinen Augen schrieb.

AC. Und Sie haben eine gute Note bekommen? (lacht).

BB. Ja, *er* hatte eine gute Note, aber vor allem wurde ich von diesem Tag an durch das Beispiel freigesetzt und konnte von da an Fortschritte machen.

Der dritte Beitrag betrifft die Religionen. Auf der Grundlage des Prinzips der Dreigliederung des Menschen (ich kann mich jedoch nicht erinnern, dass er dies ausdrücklich erwähnt hat): Körper, Psyche, Geist, öffnete er mich für die Religion. In Bezug auf die Erziehung war er der Meinung, dass Kinder zwangsläufig konditioniert werden, dass sie jedoch mit den Grundlagen für ihre eigene Dekonditionierung ausgestattet werden müssen. So sagte er: „So wie man Kinder nicht ohne Sprache lassen kann, damit sie später wählen können, in welcher Sprache sie sich ausdrücken möchten, so sollte man sie mit einer Religion ausstatten, aber auf eine Art und Weise, die andere nicht ausschließt“. Obwohl er katholisch ausgebildet war, öffnete er mich für die Orthodoxie und die indischen Religionen, deren Metaphysik er unterrichtete.

AC. Das ist die Beziehung zwischen Metaphysik, die eher eine Philosophie ist, und den Religionen, über die wir gesprochen haben.[3]

Kommen wir nun zu Lanza del Vasto , dem Schüler von Gandhi (1869-1948) und Gründer der Arche-Gemeinschaften. Es ist nicht alltäglich, eine solche Persönlichkeit zu treffen.

BB. Ich hatte großes Glück. Ich war damals vielleicht zehn Jahre alt (wir sind Ende der 60er Jahre), aber ich habe ihn und seine Frau Chanterelle mindestens zweimal gesehen, wenn sie zum Abendessen zu uns kamen. Lanza wollte, dass unsere Familie einer Arche-Gemeinschaft beitritt. Ich hatte kein Gespräch mit ihm, an das ich mich erinnere, aber er gehört zu den Menschen, deren bloße Anwesenheit eine Lehre ist. Als ich später seine Biographie (er starb 1981) oder seine Bücher las, sah ich nichts anderes als die Transparenz seiner Person.

AC. Was meinen Sie mit „Transparenz“?

BB. Sagen wir, Authentizität und Wahrhaftigkeit; eine Person eben, ohne Charakter. Dies ist auch eines der Ziele eines der Gebete, die er schrieb, die Erinnerung, um sich daran zu erinnern, dass man nicht seine Gedanken, sein Charakter, sein Körper usw. ist.

AC. Wir haben noch zwei wichtige Begegnungen zu erwähnen, François Chenique und Jean Borella ...

BB. Es ist gut, sie zusammen zu erwähnen, da sie und Vater bis Anfang der 70er Jahre in Nancy lebten und drei Freunde waren, die es bis zum Ende blieben (François starb 2012, mein Vater 2019). Anlässlich meines ersten Buches, das einen bedeutenden Teil ihrer jeweiligen Arbeit verwendete, hatte ich die Gelegenheit, mit ihnen metaphysische Diskussionen zu führen.

---

[3] Siehe Kap. III. Metaphysik und Religion.

Der erste Kontakt war etwas heikel, da mein Text sie oft ohne Anführungszeichen und ohne Referenzen zitierte.

AC. Wie ist das möglich?

BB. Ich wollte ihre Meinung zu einem Entwurf hören, zu den Notizen aus der Lektüre, die logisch für ein zukünftiges Buch angeordnet waren, und natürlich wurde das fertige Buch nach allen Regeln der Kunst geschrieben. Vor allem aber konnte ich, nachdem ich mich für meine Sache eingesetzt hatte, ein kritisches Nachwort von Jean Borella zu diesem ersten Buch erhalten und anschließend Bücher von beiden veröffentlichen.

AC. Und was ist mit diesen Beziehungen?

BB. Es ist eine freundschaftliche Beziehung, die mich angesichts meiner Bewunderung für sie besonders ehrt. François sprach sieben Sprachen, darunter Sanskrit und Tibetisch, was ihm ermöglichte, Querübersetzungen großer buddhistischer Texte anzufertigen, und ich hatte jahrelang seine Abhandlung über klassische Logik als Bettlektüre, die ich übrigens bei L'Harmattan neu auflegen ließ. Ich fand, dass er eine Intelligenz wie S. Thomas von Aquin hat - was nicht zu wenig ist (und wahrscheinlich zu viel). Seine logische und synthetische Art der Darstellung macht viele seiner Texte zu kleinen Meisterwerken. Aber wie jeder wahre Gelehrte konnte er auch sagen: „Ich weiß nicht“. Ich hatte ihn gefragt, wie die individuellen und kollektiven Perspektiven nach dem Tod koordiniert werden, aber dieses Mal konnte ich nur einen Seufzer der Hilflosigkeit hören. Und ich erinnere mich an das Bedauern, das er kurz vor seinem Tod äußerte, dass er zu viel gearbeitet hatte.

AC. Roger Bacon (1214-1294) soll gesagt haben: „Ich bereue, dass ich mich im Interesse der Wissenschaft so sehr bemüht habe…“

BB. Ich sehe dies als Analogon zu dem, was Hl. Thomas von Aquin selbst kurz vor seinem Tod über sein umfangreiches und unübertroffenes Werk sagte, dass es Stroh sei, im Vergleich zu einer Vision, die er während eines Gottesdienstes hatte. Ich nehme es auch für mich in Anspruch: Opfern Sie Ihr Leben und Ihre Familie nicht einer Wissenschaft, und sei es die Metaphysik, und denken Sie daran, dass die Metaphysik selbst kein Ziel sein kann, sondern vielmehr ein Weg.

Was Jean (Borella) betrifft, so würde ich sagen, dass ich beim Lesen seiner Bücher von einem solchen Verständnis ergriffen wurde, dass ich das Gefühl hatte, sie zu schreiben, während ich sie las. Für mich waren es jedes Mal die richtigen Fragen, die richtigen Antworten und das in der richtigen Reihenfolge. Als ich ihn später (anlässlich meines ersten Buches) traf, wurde ich durch sein Wohlwollen und seine Ermutigung bestätigt. Ich glaube, einer der wichtigsten Punkte seiner Unterweisung für mich stammt aus unserem ersten Gespräch: „Man sollte nicht zu sehr versuchen, kategorische Aussagen zu treffen; die Dinge sind aporetisch, d.h. problematisch, und können unlösbare Widersprüche enthalten", sagte er mir sinngemäß. Man kann sie anfangs benutzen, muss sie aber später überwinden“, fügte er hinzu.

Heute sehe ich, wie sich dies auf die relativ künstlichen Kategorien von Esoterik und Exoterik anwenden lässt, und vor allem, wie zu Beginn dieses Interviews erwähnt, auf die Tatsache, dass die Rolle der Metaphysik darin besteht, uns über Worte und Reden hinaus zur Betrachtung des reinen Realen zu führen. Was die Widersprüche betrifft, die wir bis hin zum Modus des Erkennens finden, so führte dies zu der *Métaphysique du paradoxe (Metaphysik des Paradoxen)*, die 2007 begonnen und 2019 veröffentlicht wurde.

Natürlich gab es noch viele andere Begegnungen, Personen oder Bücher, jeder und jede brachte Licht in den einen oder anderen Punkt, verfeinerte die eine oder andere Position, aber wenn man einmal gegangen ist, erweitern oder vertiefen diese Dinge den Gedanken eher, als dass sie ihn verändern oder tiefgreifend modifizieren. Dies ist jedenfalls meine Erfahrung.

Initiation, Initiationsbücher

AC. Ich hätte noch eine letzte, vielleicht noch persönlichere Frage. Braucht man eine Initiation, um in die Metaphysik einzutreten?

BB. Nein, jeder Mensch ist mehr oder weniger ein Metaphysiker. Ich glaube jedoch, dass man die Initiation von verschiedenen Standpunkten aus verstehen kann. Es gibt einen Text zu diesem Thema, der von Pamphile, Chenique und Borella gemeinsam verfasst wurde und in der *Revue française de yoga* erschien, aber ich erinnere mich nicht mehr genau daran. Die traditionellste Sichtweise ist die Initiation, die man von einem Meister in einer ununterbrochenen Kette in Religionen oder bestimmten, manchmal geheimen, alten (die Mysterienkulte Ägyptens oder Griechenlands) oder moderneren Gesellschaften (z.B. die Gesellenvereinigung oder die Freimaurerei, die Übergangsriten praktiziert und angeblich im 16. Im frühen Christentum war dies der Fall bei den Initiationssakramenten (Taufe, Firmung und Eucharistie), die zum Schutz vor Verfolgung geheim kommuniziert wurden (Gesetz des Arkanen), aber jetzt sind sie seit langer Zeit öffentlich und die Einzelheiten der Rituale und Ergebnisse der Initiationen sind allgemein bekannt oder in theologischen Abhandlungen nachzulesen.

Was mich betrifft, so zähle ich, was die Metaphysik betrifft, die erhaltenen „Einweihungen" nicht. Es gab die meines Vaters, der mir von Vedānta erzählte, mir Bücher von Guénon reichte und mich mit einem Initiationsnamen ausstattete: *tatdas*, ein Sanskritwort, das Diener (*das*) des Absoluten (*tat*) bedeutet. Ich habe mich nie dazu geäußert.

AC. Warum nicht?

BB. Während Pseudonyme zu Beginn des 20. Jahrhunderts noch weit verbreitet waren, war meine Zeit nicht mehr die Zeit der Pseudonyme – es war übrigens François Chenique, der mich davon abhielt, diesen Namen zu verwenden oder für mein erstes Buch einen solchen anzunehmen. Außerdem war ich der Meinung, dass dieser Name in den privaten Bereich fällt. Ich erwähne ihn heute, weil ich glaube, dass er mir geholfen hat, ein „Diener" zu bleiben, d.h. so viel wie möglich im Dienste anderer zu stehen. „Das Persönlichste ist vielleicht das Universellste" (Henri Nouwen, 1932-1996).

Neben Katholizismus, Orthodoxie, Vedānta, Guénon, Kabbala, Sufismus und Taoismus – ich setze natürlich nicht alles auf die gleiche Ebene, bei weitem nicht – glaube ich, dass ich durch die Lektüre von drei Autoren eine (intellektuelle) Wende genommen habe: Abbé Stéphane, ein Priester, Theologe und Metaphysiker des 20. Jahrhunderts (es war übrigens François Chenique, der seine *Introduction à l'ésotérisme chrétien (Einführung in die christliche Esoterik)* bei Dervy herausgegeben hatte), Hl. Dionysius Areopagita und Meister Eckhart, mit vielen Schlüsselelementen, die ich später wiederfand, und mit vielen anderen Dingen im Werk von Jean (Borella).

AC. Dionysius Areopagita und Meister Eckhart, sind wir dann immer noch in der Metaphysik oder sind wir in die Religion übergegangen?

BB. Diese „Bereiche" sind sehr unterschiedlich, der eine als Wissenschaft, der andere als Konfession, aber sie haben zwei grundlegende Gemeinsamkeiten. Zunächst ist da *das* Metaphysische, das in der Metaphysik als „unbeweglicher Motor", Absolutes, Erstes Prinzip usw. bezeichnet wird und in der Religion schlichtweg als Gott. Die zweite, ebenso wichtige Gemeinsamkeit, die zu Verwirrung führen kann, ist die metaphysische *Sprache*, d.h. die ultimativen Interpretationen und Formulierungen dessen, was sich der metaphysischen Intelligenz offenbart. Wenn ein Metaphysiker sich von seiner

Religion löst, wie Heidegger, entwickeln die größten Theologen einen metaphysischen Diskurs über die Dogmatik (die Formulierung der „Mysterien“) ihrer Konfession, wie die meisten Kirchenväter und -lehrer (was das Christentum betrifft).

Es gibt also eine metaphysische Sprache, die an eine Religion angepasst werden kann, es sind die platonischen und aristotelischen Resonanzen, die man im Christentum finden kann; und es gibt, direkt, die Metaphysik der christlichen Mysterien, die die Theologen zu formulieren wissen werden.

AC. Das ist klar und das Gespräch „Metaphysik und Religion“ hat diese Frage bereits etwas ausgearbeitet.

Kapitel III

Metaphysik und Religion

Da sich die Metaphysik mit Gott befasst, und sei es unter den „weltlichen“ Bezeichnungen „Erstes Wesen“ oder „Erstes Prinzip“, musste man sich fragen, was die Metaphysik von der Religion unterscheidet und was einen „Einstieg in die Metaphysik“ von einem Einstieg in die Religion unterscheidet.

AC. Wir haben in einem früheren Gespräch Elemente angesprochen, die mich dazu veranlassen, die möglichen Verbindungen zwischen Metaphysik und Religion zu hinterfragen. Beispielsweise wird der Teil von Aristoteles' *Metaphysik*, der sich mit dem ersten Sein befasst, zu Recht als „Theologie“ (Studium Gottes) bezeichnet. Platon platziert das Gute „jenseits des Seins“.

Es wurde auch über die Metaphysik als Weg gesprochen und damit über einen „Eintritt“ in die Metaphysik wie über einen Eintritt in die Religion. Was ist Ihr Standpunkt zu diesem Thema?

BB. Man könnte die Frage so formulieren: Wäre eine Metaphysik ohne Gott sinnvoll? Ich denke, wir kommen nicht umhin, ein Wort über das zu sagen, was einige als „den Tod Gottes“ bezeichnet haben.

Ist Gott wirklich tot?

Vor einiger Zeit provozierte Nietzsche mit seinem „Gott ist tot“ und fügte hinzu: „und wir sind es, die ihn getötet haben“. Ich denke also, dass er nur für die Übermenschen tot ist, d.h. für diejenigen, die sich als solche sehen.

AC. Aber ist die Säkularisierung der Kultur, die Abkehr von den Kirchen, nicht erwiesen?

BB. Ja, aber derzeit nicht mehr als nach der Revolution (und dauerte etwa fünfzig Jahre) und dies war bereits zu Nietzsches Zeiten (zweite Hälfte des 19. Jahrhunderts) nicht mehr der Fall, zumindest nicht in Frankreich. Darüber hinaus zeigt eine aktuelle Studie, dass die Franzosen auch Mitte des 21. Jahrhunderts noch mehrheitlich konfessionell gebunden sein werden (mehr als die Hälfte getauft, plus 10% fromme Muslime). Darüber hinaus stellt man außerhalb Frankreichs – und Europas – fest, dass Gott für Menschen nicht tot ist. Das heißt, dass wir es hier mit einer relativen Überinterpretation, einem intellektuellen Konstrukt von Philosophen und vielleicht einer kurzsichtigen Geschichtsschreibung zu tun haben, basierend auf einem realen und unbestreitbaren Phänomen aus soziologischer Sicht, nämlich dem derzeitigen Kirchenschwund in Frankreich.

AC. Welche Philosophen?

BB. Bevor ich darauf eingehe, möchte ich auf das scheinbare Paradoxon hinweisen, dass Gläubige und Ungläubige zu allen Zeiten und an allen Orten nebeneinander existieren. Für die einen, die „Sehenden“ (Pamphile), ist Gott eine leuchtende Evidenz, und doch wird das, woran sie glauben, von den anderen für eine Illusion gehalten und ihre Überzeugung für Infantilismus. Umgekehrt werden die Ungläubigen als blind oder unbewusst oder *zumindest* als inkonsequent angesehen (Pascal).

AC. Warum inkonsequent?

BB. Dies ist die berühmte „Pascalsche Wette“, die besagt, dass man beim Glauben alles gewinnen und im umgekehrten Fall alles verlieren kann (obwohl die Realität dieser Wette noch diskutiert wird).

In der Tat gibt es eine fast kontinuierliche Abstufung zwischen dem religiösen Fanatiker und dem überzeugten Atheisten (die zusammen weit weniger als ein Prozent der Weltbevölkerung ausmachen). Zwischen diesen marginalen Extremen gibt es die Gläubigen, die sich an eine Offenbarung und eine etablierte Kirche halten, sowie eine Vielzahl von theistischen (philosophischen oder religiösen), deistischen (vom Typ „natürliche Religion" oder „rationale Religion"), animistischen und sogar *New-Age-ähnlichen* „persönlichen Entwicklungen". Was die Seite des „Unglaubens" betrifft, so gibt es eine ähnliche Abstufung von der bloßen Ablehnung der Institution (wobei der Glaube an die gesamte oder einen Teil der Offenbarung *in petto* bleibt), über Agnostizismus (mit verschiedenen Graden von Skepsis), Apatheiismus (Gleichgültigkeit) bis hin zu einem fleißigen Antitheismus oder absoluten Atheismus. Daher kann man eher zu dem Schluss kommen, dass die durchschnittlichen Gläubigen und Ungläubigen, die fast identisch sind, den Großteil der Bevölkerung ausmachen. Die Möglichkeit des Menschen, zu glauben oder nicht zu glauben, bezieht sich eher auf seine Freiheit (und im Christentum auf die Gnade, die den Glauben verleiht), als auf die Diskriminierung von Menschen durch Einteilung in Kategorien. Jeder Mensch steht vor der Frage: „Warum gibt es etwas und nicht nichts?" (Leibniz) oder „Was war vorher?" und die Antwort ist *zumindest* „Ich weiß es nicht" (*Le Royaume/Das Königreich*, Emmanuel Carrère, 1957-).

AC. Hier wird der metaphysische Ansatz deutlich; was ist also mit den Philosophen des Todes Gottes?

BB. „Gott ist tot und Kant hat ihn getötet"! Dies war eine meiner jüngsten Schlussfolgerungen[4], denn ich sehe in der modernen Zeit die philosophischen Anfänge des Todes Gottes bei Kant.

AC. Aber Kant war ein ausgesprochener christlicher Mensch...

BB. Das ist richtig, aber der Tod Gottes wird die Folge seiner rationalistischen Reduktion sein. Seiner Philosophie zufolge wird Gott unerreichbar; daher muss seiner Meinung nach der Mystizismus[5] *beseitigt* werden und die „Die Religion innerhalb der Grenzen der bloßen Vernunft" (sein Buch von 1793) zurückgebracht werden. Auf der Grundlage des unzugänglichen Übernatürlichen werden einige zu einem nicht existierenden Übernatürlichen übergehen: Es gibt keinen Gott mehr, er ist tot. Und die Literatur wird mit Dichtern wie Heine oder Gérard de Nerval im 19.

Außergewöhnlich ist jedoch, dass die Antireligiösesten sich schließlich auf die eine oder andere Weise auf Gott oder ein Absolutes beziehen. Dies war bereits nach der Revolution der Fall, als das „Höchste Wesen" in der Verfassung von 1793 genannt und öffentlich angebetet wurde. Für einen Philosophen wie Hegel (1770-1831) ist der Tod Gottes der notwendige Übergang zur Vergöttlichung des Menschen (Anthropotheismus), wobei die anfängliche Verneinung Gottes (Atheismus) eben ein notwendiger Übergang ist. Mit Hegel wird das Christentum sogar zur Religion des Ausstiegs aus dem Religiösen. Und dieses Schema findet sich auch bei Soziologen und Philosophen wie Max Weber oder Marcel Gauchet (J.-M. Verlinde).

---

[4] *Vgl. Métaphysique du paradoxe (Metaphysik des Paradoxons)* (L'Harmattan, 2019), T. 2, S. 173-174.

[5] Vgl. Kant, *Sur le mysticisme et les moyens d'y remédier (Über den Mystizismus und die Mittel, ihm abzuhelfen)* (1790).

AC. Dies ist die berühmte „Entzauberung der Welt“ (1904) von Max Weber, da man dank der Wissenschaft nun „alles durch Berechnung beherrschen“ kann!

BB. Genau! Marcel Gauchet griff die Formel in zwei Buchtiteln auf (1985, 1988). In jüngster Zeit, als man hätte glauben können, die Sache sei entschieden, erscheinen immer noch Bücher von Philosophen über den Tod Gottes. Gott ist tot, aber für sie ist er immer noch gegenwärtig! Es gelingt ihnen nicht, ihn loszuwerden.

Es gibt *Le religieux après la religion (Der Geistliche nach der Religion)* (Luc Ferry , Marcel Gauchet , 2007), in dem die Autoren den Menschen „völlig getrennt vom Göttlichen“ sehen, der eine durch die Erschöpfung des Heiligen, der andere durch eine Vergöttlichung des Menschen.

Der *Traité d'athéologie (Atheologischer Traktat)* (Michel Onfrey, 2005) enthält eine Immanenztheorie und eine materialistische Ontologie. Es ist ein sehr militantes Buch, ähnlich wie die in England erschienenen Bücher, wie z.B. *The God Delusion* (2006) von Richard Dawkins, der jedoch kein Philosoph, sondern Evolutionsbiologe ist.

AC. Ist ein Biologe, der sich über Gott äußert, nicht in der falschen Wissenschaft, wenn man bedenkt, was wir zu diesem Thema gesehen haben?

BB. Doch, das ist es. Für ihn ist der Mensch „eine überlebende Maschine, ein Roboter, der blind programmiert wurde, um die egoistischen Moleküle, die Gene genannt werden, zu erhalten“, was biologisch interessant ist, aber philosophisch nicht haltbar ist. Während Darwin ausdrücklich Gott seinen Platz einräumte, ist sein Schüler Dawkins sehr gegen die Religion eingestellt und schreibt sogar, dass Pädophilie weniger schlimm ist als eine katholische Erziehung! Wir befinden uns hier in einem Fall, in dem die wissenschaftliche Interpretation durch die Ideologie verfälscht wird. Ähnliches gilt für den großen theoretischen Physiker und Kosmologen Stephen

Hawking, mit seinem gemeinsam mit dem Physiker Leonard Mlodinow verfassten Buch, *Der große Entwurf: Eine neue Erklärung des Universums* (2010), das jedoch in philosophischer Hinsicht und rückwirkend auch in Bezug auf die Wissenschaft im engeren Sinne ziemlich unausgegoren erscheint.

AC. In der Tat, siehe die von uns veröffentlichte *Antwort auf Stephen Hawking : Von der Physik zur Science Fiction* des Physikers Wolfgang Smith (2013)...

BB. Kommen wir zurück zu den Philosophen. Das Buch von Onfray war sehr umstritten, insbesondere wegen der historischen Fehler und der Unkenntnis der Religionen, die auf den „Todestrieb" reduziert wurden! Auch hier tritt die Ideologie an die Stelle der Philosophie. Andererseits hat er Recht, wenn er die perverse säkulare Neo-Religion anprangert, aber er interpretiert sie als Hindernis für einen echten Atheismus, er mit aller Kraft anstrebt, während ich sie eher als die metaphysische Unmöglichkeit interpretiere, Gott aus dem Menschen zu eliminieren.

AC. Ein Beispiel für einen säkularen, neureligiösen Perversen?

BB. In Frankreich haben wir den Kult des höchsten Wesens nach der Revolution erwähnt. Heute sehen wir typischerweise „laizistische Taufen" im Rathaus, laizistische Hochzeitsfeiern, die kirchliche Hochzeiten parodieren, und wir haben das berühmte modische „Zusammenleben", das als Ersatz für die Nächstenliebe dient, aber aufgrund seiner fehlenden Grundlage ziemlich ineffizient ist. Selbst ein Voltaire (1694-1778) hat dies bereits zugegeben:

> Was würde aus der Welt und der Gesellschaft werden,
> Wenn alles, bis hin zum Atheisten, ohne Nächstenliebe ist?

und kurz vor seinem Tod gestand: „Ich glaube dennoch *an einen* Gott, da ich es Ihnen sagen muss".

In *L'esprit de l'athéisme (Der Geist des Atheismus)* (Comte-Sponville, 2006) findet sich die gleiche Übertragung des

Religiösen auf das Säkulare. Zum Beispiel die „Heiligkeit der Atheisten“ (die darin besteht, sich mit dem Menschlichen zu begnügen); die Bewahrung und Weitergabe der „jüdisch-christlichen Werte“, jedoch in einer weltlichen Form, denn „nichts hat einen Sinn, außer dem, den man aus Liebe erfindet“! Aufgrund einer „mystischen“ Erfahrung in seiner Jugend (das berühmte „ozeanische Gefühl“ von Romain Rolland (1866-1944), das von Freud aufgegriffen wurde), sieht dieser Philosoph eine „unauflösliche Vereinigung mit dem großen Ganzen“ (Alles großgeschrieben!). „Wir sind bereits im Königreich“, schreibt er. Seine „Spiritualität ohne Gott“ ist also nicht ohne das Göttliche, selbst wenn es auf seine Immanenz reduziert ist. Darüber hinaus bezieht er sich auf eine östliche Spiritualität und bringt diese Immanenz in die *gemeinsame Menschlichkeit* der Menschen ein, so dass niemand persönlich in ein undifferenziertes Ganzes involviert zu sein scheint. Es ist eine Spiritualität ohne Gott... und auch ohne Subjekt (J.-M. Verlinde).

AC. Können Sie noch einmal die Bedeutung von Immanenz erläutern?

BB. Es ist einfach und wichtig, dies zu verstehen. Das, was einer Sache oder einem Wesen immanent ist, stammt nicht von einem äußeren Prinzip, sondern hat seinen Ursprung in ihm. Das Gegenteil ist „transzendent“, d.h. es stammt von einer höheren Ordnung der Realität, von einem externen und höheren Prinzip. Wenn es sich um Gott handelt, ist er notwendigerweise sowohl immanent (in allen Dingen vorhanden) als auch transzendent (über alles hinaus). Dies ist eines der wichtigsten Paradoxa in der Metaphysik und natürlich auch in der Theologie. Zur Veranschaulichung: Gemäß dem *L'Esprit de l'athéisme (Geist des Atheismus)* gibt es kein Prinzip hinter den Werten, die der Menschheit immanent sind; sie „erscheinen“! Diese Feststellung ist für den Philosophen ausreichend.

Ein letztes Buch ist *L'homme-Dieu (Der Gottmensch)* (Luc Ferry , 1996), in dem es nicht mehr um ein der Menschheit immanentes Göttliches geht, sondern um einen „transzendentalen Humanismus", der unter einem anderen Namen Nietzsches Übermensch ist. Der Autor sagt: „Der Mensch ist Überschuss oder er ist es nicht" (und wiederholt Pascal : „Der Mensch geht unendlich am Menschen vorbei"). Da es jedoch keine Grundlage für die Werte gibt, die er als das Gute, das Schöne und insbesondere die Liebe anerkennt, bleiben sie ein „Geheimnis im Herzen des Menschen"; sie machen das Heilige oder das Göttliche im Menschen aus; es ist eine „immanente Transzendenz"! (*sic*)

AC. Ist das nicht ein Oxymoron?

BB. Ja, das ist schwer zu verstehen. Umso mehr, als die Charta der Menschenrechte (aber ohne das höchste Wesen!) bei diesem Philosophen diese universellen menschlichen Werte am besten zusammenfasst!

Meine Schlussfolgerung ist, dass diese verschiedenen Philosophen, die keine Metaphysiker sind, vor allem antiklerikal sind und auf der Grundlage einer Behauptung wie dem Tod Gottes episodische und regionale soziologische Phänomene auf der Grundlage ihres eigenen Glaubens und einer unausgereiften philosophischen Konstruktion interpretieren. Dies ist natürlich nur eine Meinung.

AC. Sollten wir schließlich glauben, dass Gott tot ist, oder sollten wir an ihn glauben?

BB. Ich denke, was die Geschichte lehrt, ist vor allem die Freiheit des Menschen gegenüber Gott. Was die „Existenz Gottes" betrifft, so denke ich, dass dieser Punkt ein eigenes Gespräch verdienen würde.

AC. Wird zur Kenntnis genommen!

BB. Lassen Sie uns also mit dem Thema Metaphysik und Religion fortfahren, indem wir uns darauf beschränken, zuzustimmen, dass nichts ohne Ursache ist, dass die Ursache transzendent zu den Wirkungen ist und dass der Mensch in der Lage ist, Gott unabhängig von der Religion zu denken, was die „Theologie" des Aristoteles bezeugt.

Die Sprachen der Metaphysik und der Religion

Ich würde gerne sagen, dass es sich hierbei in erster Linie um eine Frage der Sprache handelt. Religionen und Offenbarungen entstehen in bestimmten Kulturkreisen. Das heißt, an Orten, an denen das (philosophische) Denken und das Heilige bereits existieren, das ist banal zu sagen. Die Folge ist jedoch die notwendige relative Anpassung der einen an die anderen und dies geschieht durch Konzepte, also durch Sprache. Auf diese Weise hat das Christentum einen gewissen Platonismus „absorbiert" (es war Hl. Augustinus). Augustinus, der die intelligiblen Formen Platons beibehält und sie natürlich in das Wort, den göttlichen *Logos*, einbringt) und auch einen gewissen Aristotelismus (Hl. Thomas von Aquin, der im Mittelalter Aristoteles in die christliche Metaphysik integriert).

AC. Wie lassen sich zwei so unterschiedliche Weltanschauungen miteinander vereinbaren? Die eine, Platons , sieht in der Welt eine Ikone, ein Symbol oder einfach ein Abbild des Göttlichen. Die andere, Aristoteles, sieht die Welt vollständig da und man muss sie nur messen, um sie zu kennen.

BB. Ja, dieser Unterschied, dieser große Unterschied, ist sehr real. Aber es gibt eine Komplementarität. Der eine bringt die metaphysische und fast mystische Vision des „Guten jenseits des Seins" ein, der andere bietet metaphysische Konzepte, die auch heute noch verwendet werden.

AC. Macht und Tat…

BB. Das ist richtig. Und Gott allein ist bei Aristoteles wie auch im Christentum ein reiner Akt. Dies ist ein Beispiel für ein Konzept, eine metaphysische Sprache, die der Philosophie und der Religion (hier zumindest der christlichen) gemeinsam ist.

Die Unterscheidung zwischen Metaphysik und Esoterik ist in Bezug auf die Sprache sehr aufschlussreich. Die Esoterik zeigt durch ihr Spiel mit Symbolen und Analogien, dass es einen Schleier gibt und dass dieser Schleier eine Realität verdeckt, die verborgen ist; die Metaphysik operiert jedoch direkt hinter dem Schleier. Sie verwendet die Sprache der Intelligenz: Konzepte, Prinzipien, Logik und weist durch die Transparenz der Intelligenz auf das hin, was jenseits der Sprache und der Konzepte liegt, auf die ultimative Realität. In dieser Hinsicht ist die Metaphysik die letzte Hermeneutik (oder Interpretation), die nicht mehr weiter interpretiert werden kann (Borella).

AC. Aber die Metaphysik spricht auch in Symbolen...

BB. Ja, in Ergänzung zum intellektuellen Modus bedient sich die Metaphysik auch des symbolischen Modus. Sie sind komplementär: der symbolische Modus lässt sehen, der intellektuelle Modus lässt hören (Borella). Nun zu einem grundlegenden Punkt: Wenn der Verstand sowohl über natürliche als auch über übernatürliche Dinge sprechen kann, dann ist er nirgendwo natürlich. Daher sagt Aristoteles, dass „der Intellekt durch die Tür" oder „von außen" kommt[6]. Daher das *Ende* der Metaphysik, das für den Metaphysiker den Verzicht auf seinen eigenen Verstand, sein eigenes kleines Licht bedeutet; daher der Verzicht auf jeglichen Diskurs, was durch die Transparenz der metaphysischen Sprache angezeigt wird. Indem sie verschwindet, verschafft sie dem Intellekt Zugang zu der Realität, die jenseits von ihm liegt, Zugang zum Licht der Wahrheit, das niemals in Worten liegt (Aubenque, Borella).

AC. Was ist also der Unterschied zwischen Metaphysik und Religion?

BB. Als Wissenschaft ist die Metaphysik in erster Linie eine philosophische Disziplin, aber als Sprache kann sie jeder

---

[6] *Von der Zeugung der Tiere*, II 3, 736 a, 27-b 12.

sprechen, sowohl der Philosoph als auch der Theologe. Vor allem ist die Metaphysik nicht nur eine Wissenschaft, sondern auch ein Weg, ein Pfad. Hier kann die einfache Ebene der diskursiven Vernunft à la Aristoteles durch die Ebene der erleuchtenden Intelligenz à la Platon ergänzt werden. Dies ist die Überlegenheit Platons gegenüber Aristoteles. Hier wird die Metaphysik in gewisser Weise mystisch.

Aus dieser Sicht ist die Metaphysik in allen Religionen zu Hause; ihre Sprache besteht ebenfalls aus Konzepten und Symbolen. Dies ist universell und wird durch einen Hadith illustriert…

AC. Hadith?

BB. Die Hadithe im Islam sind die Taten oder Worte des Propheten Muhammad. In diesem besonderen Hadith heißt es: „Ich stehe, sagt Gott, in den Vorstellungen, die mein Diener von mir hat“. Ich verstehe dies als die Chance für alle, sich Gott zu nähern, jenseits aller Unzulänglichkeiten der Sprache, der Konzepte, der ungeschickten – oder einfach nur ungefähren – Vorstellungen, die man von ihm haben kann.

AC. Gibt es in dieser Hinsicht also eine Gleichwertigkeit aller Religionen?

BB. In gewisser Weise und bis zu einem gewissen Grad – ja. Zwar können einige intellektuelle Werkzeuge und Symbole mehreren Religionen gemeinsam sein, aber das ist bei weitem nicht bei allen der Fall. Das bedeutet ganz konkret: Es gibt keine universelle Metaphysik, die allen Religionen gemeinsam wäre – auch wenn sich durch das Studium der Religionen unzählige Analogien feststellen lassen. Vor allem aber gibt es keine übergeordnete Metaphysik, die über den Religionen steht.

AC. Aber es war verlockend, und warum?

BB. Wir werden sehen. Betrachten wir zunächst zwei bedeutende Versuche des 20. Jahrhunderts. Da war der Metaphysiker Frithjof Schuon (1907–1998), der in seinem Werk

De l'unité transcendante des religions („Von der inneren Einheit der Religionen," 1953, überarbeitet 1975) auf eine *religio perennis* – eine dauerhafte, „metaphysische Religion" – Bezug nimmt, die er als die „Quintessenz aller Religionen" versteht. Das Problem dabei ist jedoch: Eine Religion ohne Offenbarung ist keine Religion. Sie mag vielleicht den Geschmack einer Offenbarung haben – aber nicht deren Substanz (Borella). Und natürlich hat Schuon nie behauptet, er selbst sei die Offenbarung oder der Prophet dieser Religion. Ein weiteres Problem liegt in der Transzendenz dieser Einheit, die über alle Religionen gestellt wird. Aber ich meine: Über den Religionen steht nur Gott – und nichts sonst. So sagte bereits Rāmakrishna (1836–1886): „Die Religionen münden in Gott wie Flüsse ins Meer." Und dieser Zugang zu Gott ist wohlbekannt: man nennt ihn Gnosis. Aber diese Gnosis ist nicht das Ergebnis metaphysischer Bemühungen des Menschen, sondern allein Ausdruck göttlicher Gnade. Schuon erkennt zwar eine metaphysische Offenbarung an, die das intellektuelle Vermögen aktualisiert – ja. Aber das ist keine Offenbarung Gottes als solcher, sondern lediglich das Bewusstsein des Metaphysikers, der die Transparenz des Intellekts entdeckt. Der Intellekt ist ein Kristall – aber er bleibt nur ein Kristall und wird niemals von sich aus das Licht erschaffen, das ihn erleuchtet.

AC. Es wäre daher besser, von der *immanenten* Einheit der Religionen oder, besser noch, von der *analogen* Einheit der Religionen zu sprechen (Borella).

BB. Ganz richtig, übrigens war einer der ursprünglich geplanten Titel „De la convergence des formes traditionnelles" („Über die Konvergenz traditioneller Formen"), was weniger fragwürdig ist, obwohl die christliche Dreifaltigkeit kaum Analogien zum Islam oder Judentum findet (Schuon, Schaya). Meine Schlussfolgerung ist, dass es besser ist, das Geheimnis der Existenz vieler Religionen Gott zu überlassen. Origenes sprach von den „Herablassungen" (*sugkatabasis*) Gottes gegenüber den verschiedenen Teilen der Menschheit. Die Kulturen werden von den Offenbarungen, die in ihnen stattfinden, geleitet, und dann formen diese Kulturen die Religionen, die sich in ihnen entwickeln. Wer könnte dies alles mit Sicherheit entwirren?

AC. Ich nicht (lacht)! An diesem Beispiel wird jedenfalls deutlich, dass die Metaphysik nicht über den Religionen stehen kann. Und was ist das zweite Beispiel?

BB. Diesmal handelt es sich um den Metaphysiker René Guénon (1886-1951). Er spricht von einer „Urtradition" (*Sanātana Dharma* im Hinduismus), die er durch die Existenz von Symbolen aus der Vorzeit und vor den bekannten Religionen sowie durch Symbole, die mehreren Traditionen gemeinsam sind, veranschaulicht (im Grunde benennt er die Religionen in Tradition um).

AC. Seine Arbeiten über Symbole und Esoterik sind unübertroffen, aber könnte es sein, wir es hier mit dem klassischen Fehler des Historikers zu tun haben, der nach einem gemeinsamen Ursprung für identische Phänomene sucht?

BB. Nein, sein Ansatz ist nicht historistisch und er sieht, dass der Ursprung der Symbolik mit dem Ursprung der Menschheit und sogar der Welt verschmilzt: die Ordnung der Natur symbolisiert die Ordnung der Prinzipien.

Jeder Mensch hat zu jeder Zeit und an jedem Ort verstanden, dass er nicht seine eigene Ursache ist und dass alles eine Ursache verlangt, bis er zu einer Ursache ohne Ursache gelangt (die einfache diskursive Vernunft erreicht dies – *vgl.* Aristoteles), und viele, wenn nicht alle von ihnen konnten, wenn auch nur verwirrt, mystisch an ein „Gutes jenseits des Seins" denken (dies ist das Beispiel Platons). Der *Homo religiosus* ist für mich eine anthropologische Evidenz, die ohne hypothetische Studien über den Menschen in der Altsteinzeit oder vor mehr als drei Millionen Jahren auskommt.

Persönlich würde ich die Initialisierung einer solchen „Urtradition“ auf die Erschaffung von Adam und Eve, auf die Erschaffung des Menschen legen.

Es muss hinzugefügt werden, dass Guénon die Existenz eines „Königs der Welt“ behauptete, der diese ursprüngliche Tradition durch die Zeitalter hindurch garantiert.

Seine Metaphysik ist bemerkenswert, aber diese Geschichte bleibt fragwürdig (Jean-Pierre Laurant, 1935-).

AC. Mit dieser Geschichte an sich haben Sie den Eindruck, dass Sie sich eher in der Esoterik als in der Metaphysik befinden.

BB. Ja, das ist richtig. Die Vorstellung vom Zentrum der Welt ist weit verbreitet, insbesondere in Asien: Shambhala zum Beispiel (James George, 1919-2020), aber dieses Zentrum ist überall dort, wo die vertikale Achse die horizontale Ebene der Manifestation kreuzt.

Zusammenfassend würde ich sagen, dass dort, wo Schuon eine metaphysische Religion über den Religionen zu konstruieren scheint, Guénon eine metaphysische Religion vor den bekannten Religionen sieht, die zu deren Wiederaufleben werden. Darüber hinaus ist die geheime Existenz eines „Königs der Welt“ für uns ohne Bedeutung, ob sie nun wahr oder falsch ist. Auch hier ist die Annahme, dass der Mensch schon immer „religiös“ war, nur allzu offensichtlich.

Kann man noch weiter zurückblicken? Für einen Buddhisten, Christen oder Muslim von heute ist diese frühgeschichtliche Vorgeschichte und ihre mögliche Aktualität, wie ich glaube, nicht von Nutzen.

AC. Wie würden Sie dieses Interview beenden?

Christliche Metaphysik

BB. Ich möchte mit der Frage schließen, was eine christliche Metaphysik ist, was eine gute Antwort auf die gestellte Frage nach der Beziehung zwischen Metaphysik und Religion sein wird. Zunächst einmal entwickelt sich eine solche Metaphysik notwendigerweise innerhalb des Christentums. Es handelt sich also nicht um eine philosophische Interpretation des Christentums, sondern um eine metaphysische Formulierung der christlichen Mysterien selbst[7]. Als integrale Metaphysik beschränkt sie sich daher nicht auf eine diskursive Vernunft à la Aristoteles, sondern beinhaltet eine „mystische" Intellektualität à la Platon. Daher ist sie notwendigerweise das Werk eines Christen. Augustinus, Dionysius Areopagita, Thomas von Aquin, Meister Eckhart, Silesius, Dun Scott und Hunderte anderer zu lesen und ist bei Guénon, dessen Kenntnis des Christentums trotz der intellektuellen Kraft seiner Metaphysik unvollständig erscheint, etwas verzerrt.

AC. Dies könnte der Grund für seine Konvertierung zum Islam sein.

BB. Das ist sehr gut möglich. Guénon war ein großer Metaphysiker, aber *letztendlich* kein Christ. Das umgekehrte Beispiel ist Kant, ein guter Christ, aber ein Anti-Metaphysiker, wenn er „die Religion in den Grenzen der bloßen Vernunft" (so der Titel seines Buches) einschließen will, zu einer Zeit, als die Französische Revolution die Göttin Vernunft anbetet – ein Zeichen der Zeit! Aber wenn die Religion ihres Zugangs zum Übernatürlichen beraubt wird, ist sie dann überhaupt noch eine Religion?

AC. Wie steht es mit der Theologie?

BB. Es genügt, einige Texte von Hl. Dionysius dem Areopagiten, einige Predigten von Meister Eckhart oder einige Abschnitte aus der *Summa de Theologiae* von Hl. Thomas von Aquin zu lesen, um zu erkennen, dass die metaphysische Sprache ein Teil davon ist und dass die ausgedrückte Metaphysik

---

[7] Siehe *Introduction à une métaphysique des mystères chrétiens (Einführung in eine Metaphysik der christlichen Mysterien)*, L'Harmattan, 2005 (Imprimatur der Diözese Paris).

dem Vedānta oder dem Buddhismus in nichts nachsteht, so erhaben die dort zu findenden Metaphysiken auch immer sein mögen. Der metaphysische Ansatz ist besonders in der Theologie zu Hause, zumal ihr „mystisches“ Ziel hier auf die Offenbarung trifft; Platon trifft hier auf Christus , in gewisser Weise.

AC. Man kann also sagen, dass der metaphysische Ansatz als nicht-konfessionelles Mittel im Dienste der Theologie gut aufgehoben ist.

BB. Ich denke, man kann sogar sagen, dass trotz der philosophischen Akademien, in denen die Metaphysik natürlich ihren Platz hat, die Theologie ihr bevorzugter Ort ist. Was wäre eine als vollständig angesehene metaphysische, d.h. eine „mystische“, ohne ein Jenseits? Und was wäre sie, wenn sie nicht die Möglichkeit hätte, zu schweigen, sich vor den Dingen zu verbergen, die sie aufgrund ihrer einfachen Konstitution als Wissenschaft, als Nicht-Wissenschaft (Aubenque, Borella), anstrebt?

AC. Warum „Nescience“?

BB. „Nescience“ erinnert daran, dass das Paradoxon der Metaphysik darin besteht, dass sie wie eine Wissenschaft mit ihrer eigenen Sprache funktioniert, die in der Lage ist, das Letzte zu formulieren; aber sobald dieses Letzte formuliert ist, verblasst sie vor ihm. Dies ist das Ende des Weges, der Weg ist nicht mehr von Interesse.

Und es kommt noch besser. Wir haben gesehen, dass metaphysische Gedanken *einen* Beitrag zur Religion leisten können, wenn das Christentum Platon oder Aristoteles integriert, aber wenn es sie integriert, dann deshalb, weil es eine Verbindung zwischen metaphysischer Sprache und den Geheimnissen der Offenbarung gibt. Vor allem aber gilt auch umgekehrt, dass es eine Metaphysik gibt, zu der man durch die christliche Sprache gelangt und zu der man ohne sie nie gelangt wäre.

AC. Ein Beispiel?

BB. Die Dreifaltigkeit! Sie ermöglicht es, Person und Beziehung zu identifizieren. Die Personen des Vaters und des Sohnes erweisen sich als reine Beziehungen (Vaterschaft und Sohnschaft), da es sonst nicht nur einen Gott geben würde. Umgekehrt erweist sich die Beziehung der Liebe und des Gebens zwischen dem Vater und dem Sohn als eine Person: der Heilige Geist. Auch der Mensch ist in erster Linie eine Beziehung: die Beziehung zu dem, der ihm das Sein schenkt, zu seinen Eltern (sonst wäre er ein Wolfskind) und zu allen anderen, die die menschliche Welt ausmachen, ob er ihnen nun begegnet oder nicht. Wir können also von einer klassischen Metaphysik des Seins zu einer Metaphysik der Beziehung übergehen. Das Sein ist in erster Linie eine Beziehung.

Kapitel IV

Metaphysik und Metaphysiker

Wenn man versteht, wie die Beiträge zur Metaphysik zwischen einem Platon und einem Aristoteles so unterschiedlich sein können, fragt man sich, ob es die *Metaphysik oder Metaphysiken gibt. Nachdem man also glaubte, das Letzte der Dinge gefunden zu haben, hat man den Eindruck, wieder in die Zerstreuung der Überzeugungen und Meinungen zurückzufallen. Die Frage musste gestellt werden.*

AC. Angesichts dieses entscheidenden Unterschieds zwischen Platon und Aristoteles, auf den Sie hingewiesen haben, frage ich mich, ob es letztendlich *Metaphysik* oder *Metaphysiken* gibt; was meinen Sie?

Metaphysik, materielles Objekt und formales Objekt

BB. Wie in den meisten Fällen findet man alles, aber es ist möglich, sich in dieser Fülle einen Weg zu bahnen. Thomas von Aquin, ist die Metaphysik die Wissenschaft von allem, was das Übernatürliche manifestiert (Gott, Seele, Engel...).

AC. Ist das dann nicht Theologie?

BB. Während die Theologie ihre Quelle in der Offenbarung hat, hat die Metaphysik ihre Quelle in der Vernunft *und* der Intelligenz. Wir haben es hier, einfach ausgedrückt, mit Platon und Aristoteles zu tun: Ersterer mit der intellektuellen Intuition, die das neuplatonische (und augustinische) Europa während des gesamten ersten Jahrtausends (und in Wellen darüber hinaus) geprägt hat; letzterer, weil wir Aristoteles erst spät im Mittelalter entdeckt haben und in ihm eine

Wissenschaft sehen, die der Offenbarung vorausgeht, aber zum ersten Wesen gelangt: Gott, der also der einfachen Vernunft zugänglich ist (wobei die Rolle des Verstandes vergessen wird). Diese doppelte Fähigkeit der Vernunft und des Verstandes wird in der Folgezeit verwischt, zuerst mit Descartes , der diese beiden Instanzen zu einer einzigen, der natürlichen Vernunft, verschmelzen lässt, und dann vor allem mit Kant , der jegliche intellektuelle Intuition zugunsten der Vernunft ablehnt

Die materiellen Gegenstände der Metaphysik variieren mit der Zeit und je nach Autor spricht man von der Erkenntnis des Immateriellen (Bossuet, 1627-1704), der Suche nach dem Absoluten, der Erkenntnis der Dinge an sich (Schopenhauer, um im Anschluss an Kant den Zugang dazu zu verneinen). Bergson (1859-1941) spricht von absoluter Erkenntnis durch direkte Intuition und kehrt damit zu Platon zurück.

AC. Es ist auffällig, wie das gesamte westliche Denken zwischen Rationalismus und intellektueller Intuition hin- und hergerissen ist, und das in Bezug auf zwei Philosophen, die vor zweitausendvierhundert Jahren gelebt haben!

BB. Der positive Aspekt ist, dass Cäsar bekommt, was ihm gehört; ich sehe darin die intellektuelle Ehrlichkeit, die in der Philosophie überwiegend am Werk ist. Auf jeden Fall werden die materiellen Gegenstände der Metaphysik im Wesentlichen das Sein und die Wesen (*vgl.* Blondel) und das erste Wesen oder, moderner, das Sein an sich und das Wissen an sich bleiben. Was sich geändert hat, ist die Frage nach der Möglichkeit der Metaphysik, die schlicht und einfach unmöglich wird, wenn man den Menschen seines Geistes beraubt und ihn auf seine bloße Vernunft reduziert.

AC. Ich denke, dass dies in Bezug auf den materiellen Gegenstand der Metaphysik sehr klar ist.

BB. Wenn die Metaphysik eine Zeit lang die Bedeutung einer Kritik Erkenntnis angenommen hat (dies war vor der

Entwicklung der philosophischen oder wissenschaftlichen Erkenntnistheorie), so liegt dies daran, dass es darum geht, in *Wirklichkeit* und in *Wahrheit* zu erkennen. Das formale Objekt ist nicht irgendeine Abstraktion, meist eine mathematische, gemäß der für die moderne Wissenschaft konstitutiven Reduktion, sondern das bereits erwähnte partizipative Wissen. Begriffe und Symbole müssen es ermöglichen, dass Wahrheiten *ontologisch realisiert* und nicht nur *spekulativ wahrgenommen* werden. Genau in diesem Punkt ist die Metaphysik ein Weg. Aus diesem Grund kann man sagen, dass die metaphysischen Wahrheiten auf den drei traditionellen Wegen der Handlung, der Liebe und der Erkenntnis, d.h. dem Weg des Helden, des Heiligen und des Weisen, erreicht werden können. Diese Wege entsprechen ganz einfach den aktiven, affektiven und kognitiven Fähigkeiten der menschlichen Natur (Chenique). Hier haben wir übrigens die offensichtliche Parallele zu den drei hinduistischen Yogas: *Karma-Yoga*, *Bhakti-Yoga* und *Jñāna-Yoga*. Jeder dieser Wege verläuft in Stufen, die schematisch auf drei reduziert werden.

AC. Ein Beispiel?

BB. Die drei Stufen des Pfades der Erkenntnis sind der Pfad des „Studiums" oder der „Wissenschaft", der Pfad der „spekulativen Meditation" und der Pfad der „kontemplativen Konzentration" (Schuon).

Aber wir sollten diese Wege des Heldentums, der Weisheit und der Heiligkeit nicht als sich gegenseitig ausschließend betrachten. Manchmal wurden Wege der Erkenntnis und Wege der Liebe oder Hingabe einander gegenübergestellt (in Indien: *vicāra-mārga* und *bhakti-mārga*), aber es wurde auch gezeigt, dass sie zusammenlaufen und sich vereinen (Chenique). Wie kann man in der Tat etwas lieben, von dem man nichts weiß, und wie kann man etwas vollständig kennen, das man in nichts liebt?

AC. Ich denke, die materiellen und formalen Objekte der Metaphysik sind klar; können wir sie durch die Vorstellung einiger Metaphysiker veranschaulichen?

Einige Metaphysiker

BB. Man muss wissen, dass einige große Geister ihr Leben damit verbracht haben, Aristoteles zu studieren, zum Beispiel, aber das ist natürlich nicht mein Fall. Das bedeutet, dass das, was ich sagen kann, notwendigerweise sehr kurz und wahrscheinlich zu schematisch sein wird. Aber lassen Sie uns die Übung versuchen und mit Platon und Aristoteles beginnen, auch wenn wir bereits viel über sie gesprochen haben.

PLATON. Platon erscheint mir als der eigentliche Begründer der (westlichen) Metaphysik. Für ihn bedeutet Wissen, zu wissen, was ist, und nichts von dem, was wir sehen, dieser Stein, dieser Baum, diese Katze... ist jemals vollständig da. Die Wahrheit der Erkenntnis ist daher an die Realität des Objekts gebunden und es gibt „Stufen der Erkenntnis, die streng den Stufen der Realität entsprechen“ (Borella). „Platon wendet zum ersten Mal in der Geschichte des philosophischen Denkens den Begriff der Analogie ausdrücklich auf die Lösung der grundlegendsten Fragen der Metaphysik an“ (Borella). Hier spielt die platonische Dialektik ihre ganze Rolle: Abkehr von der diskursiven Erkenntnis (*Dianoia*) und Aktualisierung des Intellekts (*noûs*). Diese *Linie der Analogie* von Platon sollte in den Anhang aufgenommen werden[8] und es sollte der berühmte Text aus der *Republik* (VII, 533d) zitiert werden, in dem dank dieser dialektischen Methode „das Auge der Seele“ aus dem „barbarischen Morast“, in dem es vergraben war, befreit wird:

> Nur die dialektische Methode hat den Charakter, dass sie die Hypothesen über den Haufen wirft und auf diese

[8] Siehe Anhang 1.

Weise zum Prinzip selbst vordringt, um sich in ihm fest zu etablieren; und das Auge der Seele, das wirklich in irgendeinem barbarischen Morast steckt, zieht sie sanft heraus und bringt es nach oben.

AC. Die Poesie ist in Platons Ausdruck zu erkennen.

BB. Ja, das Wissen, zu dem man durch Teilnahme oder Kontemplation gelangt, lässt sich leichter in einer bildlichen oder poetischen Form ausdrücken. Deshalb ist „die theoretische Rede das letzte Mittel, um die Wahrheit zu lehren" (*Brief* VII, 326a-b), sagte Platon.

AC. Und hier kommt Aristoteles ins Spiel, der die Strenge des wissenschaftlichen Diskurses und der Logik begründet hat; er steht der Poesie eher fern.

BB. Vor allem versteht er nicht die Existenz der Welt der Ideen, obwohl er 19 Jahre lang Platons Schüler war. Dies tötet die Möglichkeit des Symbols…

AC. Was bedeutet das?

BB. Symbol: das, was *ontologisch* ein Sichtbares mit einem Unsichtbaren verbindet. Es gibt jedoch bei Aristoteles einen Übernaturalismus der intelligiblen Formen (es ist sein „der Verstand kommt durch die Tür").

ARISTOTELES. Was er vor allem anstrebt, ist wissenschaftliche Gewissheit auf physikalischem Gebiet, d.h. eine ausschließlich abstrakte Funktionsweise des Wissens. In seinem berühmten Satz „Die Seele ist in *gewisser Weise* alles, was sie erkennt" (*De anima*), z.B. ein Stein oder ein Löwe, weist gerade das „in gewisser Weise" darauf hin, dass der Akt der Erkenntnis das Sein radikal vom Intellekt trennt. Im Gegenteil, weil die Seele nichts ist, was sie erkennt, kann sie sich *absichtlich* mit allem, was sie erkennt, identifizieren. Das Wissen wird dann zu einer einfachen Abstraktion. Sie entreißt dem realen und konkreten Sein die intelligible Form und ermöglicht es ihr, in der Seele zu existieren, mit der sie sich vereint, indem sie sie formt. Eine solche „intelligible Form ist dann nichts anderes als das, was man einen Begriff nennt". Leider gilt das, was für die sinnliche Welt gilt, nicht für die intelligible Welt, was Aristoteles verneint (Borella).

AC. Und Aristoteles ist dennoch ein Metaphysiker?

BB. Ja, neben seinen 14 Büchern über Metaphysik, die auch nach 24 Jahrhunderten noch an den Universitäten studiert werden, verdanken wir ihm die „wissenschaftliche Metaphysik" oder, besser gesagt, die akademische Disziplin, die das Sein und die Prinzipien mit der Strenge des wissenschaftlichen Diskurses behandelt, ohne dabei metaphysische Schlüsselbegriffe wie die Potentialität und ihre Verwirklichung – die bereits erwähnt wurden – zu vergessen.

HL. THOMAS VON AQUIN. Hl. Thomas von Aquin (1225/6-1274), genannt der Engelsdoktor, verfasste das wohl umfangreichste Werk, das je geschrieben wurde.

AC. Aber sind wir hier nicht zur Theologie übergegangen?

BB. Nein. In Bezug auf die Metaphysik hat Thomas von Aquin das mehr als tausendjährige Erbe des (Neo)Platonismus mit dem Aristotelismus, der erst kürzlich nach Europa gelangt war, zusammengeführt. Natürlich befinden wir uns hier im Christentum, aber zu dieser Zeit war das gesamte westliche Denken quasi christlich. Mit anderen Worten, die „Mystik" der platonischen Philosophie und die christliche Offenbarung haben sich gut aufeinander abgestimmt und Philosophie und Religion sind noch nicht so sehr gegensätzlich, da die Theologie (Wissenschaft oder Wissen über Gott) von der Metaphysik des Aristoteles ausgeht. Mit der Einführung von Aristoteles in die Theologie durch Averroes (1126-1198) auf Kosten von Avicenna (980-1037) war jedoch der Wurm in der Frucht.

AC. Wie meinen Sie das?

BB. Für Aristoteles ist das Sein der zu erkennende Sache etwas radikal anderes als das Sein des erkennenden Subjekts; es ist diese ontologische Unterscheidung, die die Objektivität der Wissenschaft garantiert. Daher wird die Erkenntnis, die ihrer „mystischen“ Dimension beraubt wurde, von nun an in den Bereich des einfachen Verstandes fallen und das Sein wird eine Angelegenheit der Religion bleiben. Wissen wird nur noch eine Abstraktion sein und die menschliche Existenz bleibt der Religion vorbehalten. Es gibt nun eine geteilte Zuständigkeit zwischen Wissenschaft und Glauben, Philosophie und Religion, Natur und Übernatur, Vernunft und Gnade (Borella).

AC. Dieser gegenseitige Ausschluss wird von Kant folgendermaßen beschrieben: „Ich musste das Wissen abschaffen, um dem Glauben einen Platz zu geben“.

BB. Ja, deshalb erscheint dieses Gleichgewicht zwischen Wissenschaft und Glauben unter der intellektuellen Macht von Thomas von Aquin zwar solide, aber es bleibt zerbrechlich (Borella).

AC. Auf welche Weise?

BB. Die Trennung hält nicht lange. Beispielsweise ist der Glaube im Wesentlichen ein Wissen, während jedes Wissen einen Glauben an das, was gefunden wird, beinhaltet. In beiden Instanzen liegt ein „Kern der Gnosis“, so dass eine tatsächliche Unterscheidung zwischen Wissenschaft und Glauben widerlegt werden muss (Borella). Im Übrigen wird diese Unterscheidung zwischen Wissen und Glauben allmählich radikalisiert. Auf der einen Seite wird der lutherische Protest einen Glauben ohne Wissenschaft aufbauen und auf der anderen Seite wird der Kartesianismus eine Wissenschaft ohne Glauben aufbauen und die Theologie endgültig marginalisieren. Und es ist die Aufgabe des Kantschen Kritizismus, die ontologische Dimension des Wissens *von vornherein* abzulehnen. Für ihn ist das Reale *per Definition* das, was nicht erkannt werden kann. Wir sehen die sogenannten Theologien des Todes Gottes: Jedes Konzept ist eine entfremdende

Abstraktion, sogar das Konzept Gottes (Vahanian, Hamilton, van Buren…).

AC. Ich verstehe gut, wie die aristotelische Reduktion des Wissens diese traurige Dynamik aus metaphysischer Sicht hervorbringen konnte, aber ich sah Hl. Thomas von Aquin nicht als Verantwortlichen für einen solchen Bankrott.

BB. Er ist es nicht. Er dachte mit den Mitteln seiner Zeit, und auch hier kommt in seiner Synthese die neuplatonische Tradition mit Augustinus und Dionysius Areopagita deutlich zum Ausdruck, die er weitaus häufiger zitiert als Aristoteles. Vor allem aber schmälert dies nicht die Genialität von Hl. Thomas von Aquin. Und es sollte erwähnt werden, dass er trotz seines kolossalen und unübertroffenen Werkes nach einer Ekstase, die er gegen Ende seines Lebens während eines Gottesdienstes erlebte, sagen konnte, dass dieses gigantische Werk Stroh sei! Dies ist natürlich eine Illustration der Demut, die jeder wahren Metaphysik und Theologie innewohnt, aber es ist auch das Bild jeder Wissenschaft des Absoluten, die erlischt, sobald sie dorthin geführt hat.

Es bleibt festzuhalten, dass wir in der Neuzeit eine Philosophie haben, die fast ausschließlich aristotelischen Typs ist, d.h. das Objekt jeder Erkenntnis muss eine radikal getrennte Realität sein. Die Theologie muss auf jede Vereinigung von Sein und Wissen verzichten, wenn sie nicht beschuldigt werden will, die Offenbarung und die Gnade zu verleugnen und dem Pantheismus (Borella) oder dem Ontologismus zu verfallen.

AC. Es gibt jedoch viele Gegenbeispiele, nicht wahr?

BB. Ja, aber sie stehen am Rande des kollektiven Denkens oder des *Mainstream-Glaubens*, der sie kaum zu Wort kommen lässt.

AC. Auf jeden Fall hat die Metaphysik nicht bei Thomas von Aquin aufgehört ...

BB. In der Tat.

HL. BONAVENTURA. Es gab sogar von Anfang an die „Alternative“ zu Hl. Thomas von Aquin mit Hl. Bonaventura (1217/8-1274), genannt der seraphische Doktor, die beide im selben Jahr starben und von denen die Päpste Sixtus V. (1588) und Leo XIII. (1879) sagten, dass sie „zwei Nährstoffe und zwei helle Lichter“ seien. Hl. Bonaventura folgt Augustinus und wird daher eher platonisch sein; bei ihm ist die metaphysische Erkenntnis notwendigerweise übernatürlich (Chenique), während Thomas von Aquin eher den aristotelischen Naturalismus integriert. Ihre beiden Metaphysiken ergänzen sich, aber sie können sich „weder ausschließen noch zusammenfallen“ (Gilson, 1884-1978).

AC. Wie ist das möglich?

BB. Es geht um die Verbindung zwischen den Geschöpfen und Gott und um den Zugang zu einer Erkenntnis Gottes. Bei Hl. Bonaventura spricht man von Exemplarismus: Gott ist die *exemplarische* Ursache, so dass „alle Geschöpfe wie ein Schatten, ein Echo und ein Bild sind; sie sind Überreste, Symbole…, um uns zur Anschauung Gottes zu erheben“ (*Itinerarium* II, 11). Sie sind *Exemplare*, die für unseren Geist erreichbar sind, „um ihn von der sinnlichen Welt, die er sieht, zur intelligiblen Welt, die er nicht sieht, zu führen, so wie man vom Zeichen zum Bezeichneten kommt“ (*ebd.*).

AC. Wir erkennen Platon: Die Welt ist „notwendigerweise das Bild von etwas“ (*Timaios*, 29b). Die Welt ist „in ihrer Substanz selbst mit einer ikonischen Funktion ausgestattet“ (Borella).

BB. Ja, jede physische Realität ist notwendigerweise das Symbol einer metaphysischen Realität; eine ontologische Verbindung verbindet sie. *Im Gegensatz dazu* kann man bei Thomas von Aquin von *Analogismus* sprechen: „Gott wohnt in einem unzugänglichen Haus und würde aufhören, der Unendliche zu sein, wenn das Endliche ihn symbolisieren könnte. Unsere Wissenschaft von Gott wird mit Hilfe der

Analogie der Proportionalität/Proportionalität aufgebaut" (Bernard Landry).

AC. So sehen wir im Mittelalter die gleiche Opposition Platon-Aristoteles der Antike. Findet man sie auch in späteren Zeiten wieder?

BB. Ja, sie ist auch heute noch zu finden. Sie ist Teil des scheinbaren Paradoxons, dass Gott transzendent und immanent ist, d.h. dass er gleichzeitig im Herzen und jenseits von allem ist – dieses Paradoxon lässt verschiedene Interpretationen zu. Doch lassen Sie uns dies zum Thema eines eigenen Interviews machen.

DESCARTES. (Seufzer) Ich stelle fest, dass wir ein Wort über Descartes (1596-1650) und Leibniz (1646-1716) sagen müssen, dass wir Meister Eckhart (1260-1328) und viele andere übersprungen haben und dass wir noch mindestens die Metaphysiker des 20. Jahrhunderts. Es wird daher sehr kurz sein. Die Cartesianische Metaphysik, die in den *Metaphysischen Meditationen*, dem *Discours de la méthode* und den *Principes de la philosophie* zu finden ist, geht vom Zweifel zum sicheren Wissen in der bekannten Reihenfolge: Ich zweifle => Ich denke => Ich bin => Gott ist => Gott garantiert die Wahrheit meiner Erkenntnis. Er ist insofern eher aristotelisch, als er kaum einen Unterschied zwischen Vernunft und Verstand macht. Er ist es nicht mehr, wenn er die Physik auf einen vollständigen Mechanismus reduziert, indem er nur die Wirkursache beibehält (z.B. seine Tiermaschinen). Er ist es wieder, wenn die Physik alles erklären soll. Seine Unterscheidung zwischen ausgedehnten Dingen (*res extensae*) und denkenden Dingen (*res cogitans*), die sehr kritisiert wurde, ist eher eine Methode der Wissenschaft als der Metaphysik. Für Descartes ist diese Unterscheidung weder im Menschen noch in Gott wirklich zu finden, so dass man sagen kann, dass sein Dualismus „weitgehend nach Descartes erfunden und auf ihn projiziert wurde" (André Charrak, 1969-). In Bezug auf die Metaphysik muss hinzugefügt werden, dass sich seine Entdeckung von Gott nicht sehr von der von Hl. Anselm unterscheidet.

AC. Ich sehe, dass Sie nicht die übliche Formulierung „Beweis für die Existenz Gottes“ verwenden und ich kann mir vorstellen, warum. Dies wäre eine interessante Frage für ein nächstes Interview.

BB. Das habe ich gehört. Denken Sie an ein Interview mit dem Titel „Metaphysik und Mystik“.

LEIBNIZ. Um es kurz zu machen, werde ich nur ein Wort über Leibniz sagen. Das ist bedauerlich, denn sein Wissen war wirklich enzyklopädisch und man kann seine Qualifikationen nicht zählen: Philosoph, Theologe, Jurist, Historiker, Mathematiker (Infinitesimalrechnung), Physiker, Diplomat, Berater von Prinzen und Kaisern… In der Metaphysik verdanken wir ihm die Hervorhebung von zwei Prinzipien des Denkens: das Prinzip des zureichenden Grundes und das Prinzip des Widerspruchs; zu den Substanzen (seine *Monadologie*) gibt es die überzeugende Vorstellung eines Universums, in dem alle Dinge miteinander verbunden sind (wie in der Quantenphysik) und in seiner *Theodizee* (Lehre von der Gerechtigkeit Gottes) finden wir die Vorstellungen der besten aller möglichen Welten und des „Bösen für das Gute“, die bereits bei Hl. Augustinus waren.

AC. Das ist die beste aller Welten, die Voltaire in seinem *Candide* verspottete...

BB. Ja, es war ein beachtlicher Bucherfolg, aber Voltaire distanzierte sich am Ende seines Lebens dennoch von seinem „Coïonnerie“ („Unsinn“).

Es gibt eine Frage von Leibniz, die mich beeindruckt hat. Er stellt sie im Rahmen der Entwicklung des Prinzips des zureichenden Grundes: „Warum gibt es etwas statt nichts?“.[9]

---

[9] Siehe *Métaphysique du paradoxe (Metaphysik des Paradoxons)*, Band I, S. 51-58 und *Qu'est-ce que la métaphysique ?* (2010), S. 19-27.

AC. Eine Frage, die eine Antwort enthält. Sollte diese Frage nicht Gegenstand eines Interviews sein?

BB. Sicherlich. Es würde auch zu einem guten Teil in das Thema einer „Metaphysik und Kosmologie" fallen...

Ich denke, dass wir uns bei den drei Metaphysikern des 20. Jahrhunderts, die ich ausgewählt habe, kürzer fassen können, da sie bereits erwähnt wurden. Wir können sie in chronologischer Reihenfolge betrachten.

RENÉ GUÉNON (1886-1951). Man kann Guénon wegen „seiner" *religio perrenis*, wegen des Königs der Welt oder wegen seiner unvollständigen Kenntnis des Christentums kritisieren, doch bleibt ihm dennoch für sein Gesamtwerk große Anerkennung gebührt. Unbestreitbar hat er nach einem Jahrhundert des Kantismus und des wissenschaftlichen und materialistischen Triumphalismus im Westen den Weg zu einer heiligen Intellektualität, der Möglichkeit eines überrationalen Wissens, mit einem Wort, einer Rückkehr zu einer von Okkultismus und Esoterik befreiten Spiritualität wieder geöffnet. Der Westen ist ihm, der sehr bescheiden war, zu großem Dank verpflichtet. Es wurden Millionen von Seiten über ihn geschrieben und hier ist, was ich für mich selbst gelernt habe. Es gibt bereits mindestens zwei Meisterwerke: *The Symbolism of the Cross* (1931) und *The Multiple States of Being* (1932). Mit ihm kehrt Platon zurück und die intellektuelle Intuition gewinnt ihre Rechte zurück. Angesichts des Umfangs dieses Beitrags ist es verständlich, dass es auch heute noch viele Guénonianer oder sogar Guénonisten gibt. Ich für meinen Teil kann in Guénon einen Meister sehen, aber nicht das Idol, das er selbst nicht sein wollte. Zu den wenigen Vorbehalten, die ich habe, gehört, dass ich mich nicht mit den schematischen Kategorien Exoterismus und Esoterismus identifizieren kann, die im Übrigen im Buddhismus oder Christentum eher nicht vorkommen. Nachdem ich von der Kritik an der modernen Welt und ihrem „Abstieg" zu einer quantitativen

Exklusivität, wie Guénon sie im Zusammenhang mit der Theorie der hinduistischen Zyklen oder dem griechischen Mythos der Zeitalter (Gold, Silber, Bronze, Eisen) dargestellt hat, sehr beeindruckt war, habe ich mich von dieser Interpretation distanziert und beabsichtige, die Gründe dafür in einem zukünftigen Buch darzulegen.

AC. Trotzdem ein Wort?

BB. Ich denke, wir haben gesehen, wie die Alternative Platon-Aristoteles die Zeiten überdauert und die Metaphysik die Zeit überdauert. Wenn das Eisenzeitalter oder das dunkle Zeitalter (*Kali Yuga*) seit fünftausend Jahren andauert und noch weitere vierhundertsiebenundachtzigtausend Jahre andauern wird, bevor das Ende eines Zyklus erreicht ist, der mehr als vier Millionen Jahre gedauert hat, dann sehe ich nicht den praktischen Nutzen dieser Angabe, die sicherlich einen esoterischen Wert hat, aber mir metaphysisch wenig interessant erscheint.

AC. Wie alles Kosmologische und Zeitliche im Vergleich zu Metaphysik und Ewigkeit, nicht wahr?

BB. Genau!

FRITHJOF SCHUON (1907-1998). Der Metaphysiker Frithjof Schuon hat viele Bücher geschrieben und viele sind auch über ihn geschrieben worden – ich kann nur sehr kurz sein. Wie Guénon, kam er über das *advaita vedānta* in die Metaphysik, konvertierte zum Islam und teilte mit ihm die Kritik an der modernen Welt, auch im Rahmen der Theorie der Manifestationszyklen.

AC. *Advaita vedānta*?

BB. Dies ist die metaphysischste Lehre des vedānta, die von dem hinduistischen Reformer Śaṅkara im achten Jahrhundert gelehrt wurde. Im Wesentlichen besagt diese Lehre, dass es je nach der Ebene der Realität nur Brahman (Gesamtheit, Gottheit) gibt, oder dass sowohl *Jīva* (die individualisierte Seele) als auch Ishvara (persönlicher Gott) existieren, oder dass alles, was existiert, reine *Māyā* (Illusion) ist. Daher auch die Bezeichnung „*advaita*“: Nicht-Zwei. Dies ist eines der grundlegendsten metaphysischen Paradoxa, um zu verstehen, dass das Geschöpf sowohl Gott ist (nur Gott existiert „wirklich“) als auch nicht Gott ist (es wird innerhalb einer Manifestation erschaffen). Sie sind also sowohl eins als auch zwei, je nachdem, welche Ebene der Realität man betrachtet.

Zurück zu Schuon, ist anzumerken, dass er besonders zwischen Vernunft und intellektueller Intuition unterschieden hat – was ihn in unseren Augen zu einem „reinen“ Metaphysiker macht. Sein Verständnis verschiedener Religionen, z.B. der amerikanischen Ureinwohner und der Hindus, ist so groß, dass er in der Lage ist, seine Leser in das Herz ihrer heiligen Geheimnisse einzuführen. Einige seiner Bücher gehören zu den klarsten Darstellungen der Metaphysik, wie z.B. *Logique et transcendance (Logik und Transzendenz)* (1970) und *Résumé de métaphysique intégrale (Zusammenfassung der integralen Metaphysik)* (1985).

Lassen Sie uns mit einem Wort über den Perennialismus schließen, der mindestens fünf Metaphysiker umfasst, darunter Guénon und Schuon.

AC. *Sophia perennis, religio perennis* oder *philosophia perennis*?

BB. Dies sind in der Tat die verschiedenen Bezeichnungen, die man mit recht ähnlichen Bedeutungen in der so genannten Perennialistischen Schule findet. Im Anschluss an Nikolaus von Kues (1401-1464) und sein *De pace fidei* (1453) geht es im Wesentlichen um die Einheit der Religionen durch das metaphysische Verständnis derselben. Sie umfasst daher fünf hochrangige Metaphysiker, von denen vier zum Islam konvertiert sind.

1. Guénon , der Initiator.
2. Ananda Coomaraswamy (1877-1947), beeinflusst von Guénon , mit dem er enge Beziehungen pflegte und in

dessen Augen er den Buddhismus rehabilitierte. Überzeugt von der „Ur-Tradition“, sah er insbesondere den Vedānta und den Platonismus als Teil desselben Ursprungs. Ein Beispiel hierfür ist sein ausgezeichnetes Buch *Hinduismus und Buddhismus* (1949).

3. Schuon, der Guénon direkt kennengelernt hat.
4. Titus Burckhardt (1908-1984), Schuons Jugendfreund (seit der Grundschule). Neben vielen anderen ist sein Buch *Einführung in die esoterischen Lehren des Islam* (1951) zu nennen.
5. Und Leo Schaya (1916-1986), ein Freund von Schuon, mit u.a. *L'homme et l'Absolu selon la Kabbale (Der Mensch und das Absolute nach der Kabbala*) (1988).

Ich für meinen Teil erkenne zwar eine gewisse Einheit der Religionen an, insbesondere durch eine metaphysische Interpretation der Religionen, aber ich sehe wenig Interesse am Perennialismus als solchem und bin ohnehin gegen Denkschulen. Darüber hinaus ermöglichen uns diese Metaphysiker zwar einen bemerkenswerten Zugang zum Islam (Sufismus), zum Judentum (Kabbala), zum Hinduismus und zum Buddhismus, aber ihre Beiträge zu einer christlichen Metaphysik sind nicht befriedigend. Wenn ein Einstieg in das Christentum mit einem relativen Einfluss von Guénon gewünscht wird, sollte diesen fünf Autoren *zumindest* Abbé Stéphane (*Introduction à l'ésotérisme chrétien*) hinzugefügt werden, aber dies wäre eine posthume Veröffentlichung, die sich auf die christliche Theologie konzentriert und daher weit von einer einheitlichen Perspektive der religiösen Formen entfernt ist.

AC. Dieses Gespräch ist beendet; es bleibt uns noch Jean Borella .

BB. Ja, das wäre ein guter Abschluss für dieses Gespräch.

JEAN BORELLA (1930). Da er in allen unseren Gesprächen oft direkt oder indirekt zitiert wird, werde ich mich darauf beschränken, einige Merkmale seiner Beiträge[10] zu nennen. Als Christ und (professioneller) Philosoph kann man mit ihm die gesamte Geschichte des westlichen Denkens abdecken, angefangen bei den Philosophen der Antike, aber vor allem ohne atheistische Philosophen, philosophierende Geistliche oder sogar Wissenschaftler auszuschließen, wenn sie sich an die Philosophie wagen oder wenn ihre Physik sich als trügerisch erweist (Galileo). Der Prüfstein ist sein metaphysischer Blick, der insbesondere in der Lage ist, eine Geschichte der Vernunftregime aufzudecken. Seine philosophische Kritik an den „Meistern des Verdachts" ist von entscheidender Bedeutung.

AC. Diese Meister sind Marx, Nietzsche und Freud (Paul Ricoeur, 1913-2005).

BB. Ganz richtig, und Borella fügt die „Physik des Verdachts" hinzu, die man bei Descartes findet (die ganze Welt versucht, ihn zu täuschen). In Bezug auf die großen Denunzianten der universellen religiösen Illusion (Feuerbach, Marx, Freud…) wird er leicht gezeigt haben, dass entweder der Denunziant übermenschlich ist (oder sich für einen solchen hält) oder die Illusion nicht universell ist, da sie ihr entgehen. Dies macht jede Kritik mit dem Argument der universellen Illusion hinfällig. Das Erkennen von Widersprüchen war ebenfalls eine Stärke seines Denkens.

AC. Beispiele?

BB. Zum Beispiel Kant, der behauptet, die Vernunft durch die Vernunft *zu* begrenzen (seine *Kritik der reinen* Vernunft, 1781), während nach Kant selbst – und logischerweise – „das, was begrenzt, anders sein muss als das, was es begrenzt"; oder Derrida, der erklärt, dass es nur verstreute

---

[10] Siehe *Jean Borella, la Révolution métaphysique après Galilée, Kant, Marx, Freud, Derrida (Jean Borella, Die metaphysische Revolution nach Galileo, Kant, Marx, Freud, Derrida*, L'Harmattan, 2006.

Gründe und „keinen absoluten Ursprung des Sinns im Allgemeinen" gibt, so dass, wenn dies wahr wäre, seine Aussage selbst keinen Sinn machen würde, nicht einmal für ihn selbst. Hier sind drei Schlüsselbücher zu erwähnen: *La crise du symbolisme religieux (Die Krise der religiösen Symbolik)* (1990, 2009), *Le mystère du signe (Das Mysterium des Zeichens)* (1989, Neuauflage *Histoire et théorie du symbole (Geschichte und Theorie des Symbols)* (2004) und *Penser l'analogie (Denken in Analogien)* (2000, 2012).[11]

AC. Sein metaphysischer Blick richtet sich jedoch nicht nur auf das philosophische Denken, sondern auch auf die Theologie.

BB. Absolut, und hier finden wir eine echte Metaphysik der christlichen Mysterien: *La charité profanée (Die entweihte Nächstenliebe)* (1979, Neuauflage *Amour et vérité (Liebe und Wahrheit)* (2011); *Lumières de la théologie mystique (Lichter der mystischen Theologie)* (2002), *Un Homme une Femme au Paradis (Ein Mann, eine Frau im Paradies)* (2008), *Aux sources bibliques de la métaphysique (Zu den biblischen Quellen der Metaphysik)* (2015) und einige andere.

Als guter Kenner von Guénon und zeitweise enger Vertrauter von Schuon hat er eine eigene Metaphysik entwickelt, die, ohne ihnen etwas wegzunehmen, einen kritischen Abstand einnehmen konnte: *Esotérisme guénonien et mystère chrétien (Guénon Esoterik und christliches Mysterium)* (1997); *Problèmes de gnose (Probleme der Gnosis)* (2007); *René Guénon et le guénonisme (René Guénon und der Guénonismus)* (2020). Im Vergleich zu Guénon und Schuon nehmen die von Borella aufgeworfenen Probleme und sogar die Korrekturen, die er vorschlägt, diesen großen Metaphysikern nichts weg. Wir sind

[11] Bei Angelico Press sind mehrere Übersetzungen ins Angloamerikanische erschienen, darunter die beiden zuerst genannten Titel.

weit entfernt von einem Kant oder einem Heidegger, die alle Metaphysik, die ihrer eigenen Existenz vorausgeht, verwerfen.

AC. War Kants Kritik an einer Metaphysik, die in ihrem „dogmatischen Schlaf" schlummert, nicht gerechtfertigt? Vor allem, da er von seinem *eigenen* „dogmatischen Schlaf" sprach.

BB. Tatsächlich hat sich Kant damit begnügt, die Möglichkeit der Metaphysik zu verneinen: „Die intellektuelle Intuition ist in der Tat nicht die unsrige, und [...] wir können nicht einmal ihre Möglichkeit in Betracht ziehen" (*Kritik der reinen Vernunft*). Dem sogenannten „dogmatischen Schlaf" der Metaphysik konnte Borella somit einen „kritischen Schlaf" entgegensetzen.

AC. Wenn Kant ist sich nicht bewusst, dass die Vernunft die Vernunft nicht einschränken kann.

BB. Genau.

KAPITEL V

EIN ABENTEUER IN DER METAPHYSIK

Nachdem ich den Titel „Metaphysische Reise" in Betracht gezogen hatte, entschied ich mich für „Abenteuer", da ich der Meinung bin, dass man nicht im Voraus wissen kann, was einen erwartet, wenn man sich auf die Metaphysik einlässt und diese Reise antritt. Die Idee war es, der Chronologie der verschiedenen veröffentlichten Werke zu folgen und sie gleichzeitig kurz zu präsentieren.

AC. Ich schlage vor, dass Sie Ihr „Abenteuer" in der Metaphysik illustrieren, indem Sie der Chronologie der veröffentlichten Bücher folgen.

BB. Warum nicht, mit dem Vorbehalt, dass die Redaktionszeiten nicht immer mit den Erscheinungsdaten übereinstimmen.

Introduction à une métaphysique des mystères chrétiens (Einführung in eine Metaphysik der christlichen Mysterien) (2005)

Dieses erste Buch ist das Ergebnis einer zwanzigjährigen Lektüre einer Vielzahl von philosophischen, esoterischen, metaphysischen und theologischen Werken über sechs Religionen: Buddhismus, Christentum, Hinduismus, Islam, Judentum und Taoismus. Als ich begann, dieses Buch zu schreiben, hatte ich gerade Abbé Stéphane (*Introduction à l'ésotérisme chrétien*), François Chenique (*Le buisson ardent*) und Jean Borella (*La charité profanée, Ésotérisme guénonien et mystère chrétien*) entdeckt. Als Katholik mit Ausflügen in die

Orthodoxie war ich mit der christlichen Theologie hinreichend vertraut, um zu entdecken, wie mächtig die metaphysischen Formulierungen sein können, die ihr entsprechen. Daher konzentrierte sich dieses Buch, anstatt einen Vergleich der Religionen anzustellen, auf drei christliche Mysterien: die Dreifaltigkeit, die Jungfrau Maria und Christus, wobei die Elemente der anderen Religionen den Untertitel „im Hinblick auf die buddhistische, hinduistische, islamische, jüdische und taoistische Tradition" ergeben. Wie der Bischof, der das Vorwort schrieb (Mgr. Dubost), schrieb, stehen die Elemente anderer Religionen in harmonischer Resonanz mit den christlichen Elementen und jede Religion wird in gewisser Weise von den anderen erleuchtet, wobei jede ihre eigene Identität bewahrt.

AC. Wir sind weit entfernt von einem einzigen metaphysischen Diskurs, der alle Religionen vereint und in gewisser Weise Gefahr läuft, sie auf ihren kleinsten gemeinsamen Nenner zu reduzieren. Wie kommt es, dass dieses Buch das *Imprimatur* der katholischen Kirche erhalten hat?

BB. Da ich keine besondere Autorität besitze und über christliche Theologie spreche, wollte ich unbedingt, dass der Text überprüft wird. Daher wandte ich mich an François Chenique, Jean Borella und das Institut Catholique de Paris – dessen Dekan mich an die *Imprimaturabteilung* der Diözese Paris verwies.

AC. Und es mussten viele Dinge geändert werden?

BB. Ich erinnere mich an zwei Dinge. Der Priester, der das anfängliche *Nihil obstat* (d.h. „kein Hindernis") aussprach, war Missionar in Afrika, wo er mit großer Armut in Berührung kam; daher bat er mich, einige Formulierungen von Abbé Stéphane über die „Armut" der göttlichen Personen abzuschwächen. Er bat mich auch, den Begriff „Maria als Miterlöserin" zu streichen, den ich von Chenique übernommen hatte, der aber inzwischen aus Vorsicht von der Kirche zurückgezogen wurde (es gibt nur einen Erlöser: Christus), auch wenn dies immer noch ein Thema ist, das diskutiert wird. Aber das würde hier zu weit führen!

Ich wollte ein einfaches Buch ohne Fußnoten schreiben, das dem Leser für jedes Mysterium mehrere Ansätze bietet: konzeptionelle, theologische, mysteriöse, metaphysische und esoterische – hier tauchen die Analogien zwischen den Religionen auf –, wobei jeder Teil mit eindrucksvollen Texten endet, die eine Meditation oder sogar eine Kontemplation des Mysteriums ermöglichen.

AC. Enthält es etwas mehr als andere ähnliche Bücher.

BB. Abgesehen von der Tatsache, dass Jean Borella in seinem Nachwort feststellte, dass dieses Buch beispiellos ist, möchte ich nur auf diese Idee der „Heilung in zwei Phasen" hinweisen, wobei die erste Phase der Freiheit des Menschen und die zweite Phase der Liberalität Gottes überlassen wird und die ich in den sieben Traditionen identifiziert habe (hier wird zwischen dem Buddhismus des kleinen Fahrzeugs und dem des großen Fahrzeugs unterschieden). Dies könnte als Anhang beigefügt werden.

Ich glaube, es ist auch die Präsentation der christlichen Mysterien in Form von zahlreichen Paradoxen und die Entdeckung, dass die Wahrheit am ehesten in den größten Paradoxen zu finden ist.

AC. Ein Beispiel für diese Paradoxien?

BB. Ein Gott in drei Personen, wahrer Mensch und wahrer Gott, Immanenz und Transzendenz. Und es gibt andere.

AC. Wie beurteilen Sie dieses Buch nach nunmehr fast 20 Jahren?

BB. Inhaltlich finde ich, dass es nichts zu ändern gibt und so wurden kürzlich Versionen in den USA (*A Metaphysics of the Christian Mystery*, Angelico Press, 2018) und in Italien (*Introduzione a una metafisica cristiana*, Simmetria, 2021) veröffentlicht. Formal würde ich versuchen, es noch einfacher für ein breiteres Publikum umzuschreiben und einen vierten Teil über den Heiligen Geist hinzufügen, der wirklich fehlt. Es ist immer „besser, zum Heiligen Geist zu beten, wenn ich das so sagen darf", sagte Jean Borella einmal zu mir. Heute bin ich davon überzeugt. Er ist es, der „weht, wo er will" (Joh III, 8) und der „mit unaussprechlichem Seufzen für uns betet" (Röm VIII, 26). Dies könnte in einem Gespräch über die Schöpfung der Welt besprochen werden…

Jean Borella, la Révolution métaphysique (Jean Borella, die metaphysische Revolution) (2006)

Es gibt mehrere gute Gründe für dieses zweite Buch. Der erste ist, dass ich nach dem ersten Buch das Gefühl hatte, das Ende dessen erreicht zu haben, was man wissen kann, und sozusagen die ewigen Wahrheiten betrachtet zu haben.

AC. An diesem Punkt?

BB. Ich lebe jeden Tag in der Erhabenheit der christlichen Mysterien, die mir ein für alle Mal nahe gekommen zu sein scheinen. Auf philosophischer Ebene hatte ich jedoch einen großen Rückstand aufzuholen. Da ich Jean Borella eine kurze Zusammenfassung eines seiner Bücher vorgelegt hatte und er sie für gut befand, machte ich mich daran, sein gesamtes bisheriges Werk zusammenzufassen und dachte mir eine originelle Art und Weise aus, es nach Themen geordnet zu präsentieren.

Es war eine enorme Arbeit, nachts, an Wochenenden und in den Ferien mehr als dreitausendfünfhundert Seiten zu verarbeiten und sie in dreihundertfünfzig Seiten zusammenzufassen. Aber es war eine Art Lehrstück über Philosophie und, wie es scheint, ein praktisches Werkzeug für die Leser von Borella.

AC. Das nächste Buch scheint jedoch sehr persönlich zu sein.

Initiation à la métaphysique. Les trois songes (Einführung in die Metaphysik. Die drei Träume) (2008)

BB. Das ist in der Tat so. Ich wollte anfangen, einfachere Bücher zu schreiben, möglichst für die breite Öffentlichkeit, und dachte, es würde das Verständnis erleichtern, wenn sich die metaphysische Interpretation auf konkrete Dinge beziehen würde: Träume, Mythen, Märchen...

Das Ergebnis ist dieses kleine Buch, das sich von den geschilderten Träumen über die Frage, was eine Interpretation ist, und die metaphysische Interpretation von Träumen bis hin zur Definition der Metaphysik steigert und schließlich in der Metaphysik gipfelt, wenn man so will, dem Begriff des Jenseits des Seins.

AC. Wenn Sie gestatten, ich habe es gelesen, aber es muss möglich sein, es noch weiter zu vereinfachen.

BB. Ja, das ist mein Ziel.

AC. Danach brachten Sie die Idee von Sammelbänden auf.

Gemeinsame Bücher

BB. Das ist richtig. Nachdem ich mich mit dem, was ich zu diesem Zeitpunkt verstehen und wiedergeben konnte, befasst hatte, kam die Idee von Sammelbänden auf, um einerseits metaphysische Themen zu behandeln, die ich nicht vollständig beherrschen konnte, und andererseits, um mehrere Ansichten zu einem Thema mit dem daraus resultierenden Reichtum anzubieten.

QU'EST-CE QUE LA MÉTAPHYSIQUE ? (WAS IST METAPHYSIK?) (2010). Ich hatte das Glück, zwölf Autoren zusammenzubringen, darunter Pamphile, Chenique und Borella, die zeigen können, dass die Metaphysik nicht im luftleeren Raum steht, weil sie nicht nur den Metaphysiker, der sie denkt, einbezieht, sondern weil sie auf alle Dinge der Welt, des Denkens und des Lebens anwendbar ist. Ich wiederhole hier meine Einführung in das Buch.

So wurde die Metaphysik in den einzelnen Beiträgen mit ihrer Praxis, der Kunst, der Politik, der Poesie, ihrer jüngsten Wiederentdeckung der Analogie, der Logik, deren Grenze sie bildet, der christlichen Doktrin der Schöpfung *ex nihilo* konfrontiert, zur Physik, Phänomenologie und Mystik, zu ihrer Möglichkeit im Buddhismus, zu jeder dogmatischen Doktrin, die sowohl die Wahrheit als auch den Zweifel behauptet, und zur Geschichte ihres Namens und ihres Konzepts bis zur Möglichkeit des Erkennens.

AC. Schönes Programm! Viele Leser?

BB. Ich habe es in letzter Zeit nicht überprüft, aber ich würde sagen, dass es mehrere Hundert sind, was der Leserschaft dieser Art von Büchern ziemlich gut entspricht.

MÉTAPHYSIQUE DES CONTES DE FÉES (METAPHYSIK DER MÄRCHEN) (2011)[12]. Co-Autor mit Jean Borella, ich bin begeistert von diesem Buch. Es hat mich gezwungen, selbst die metaphysische Interpretation eines Märchens (von Andersen) zu riskieren und vor allem sind die metaphysischen Kommentare von Borella zu zwei Märchen (von Perrault und Grimm) genial.

MÉTAPHYSIQUE ET PSYHANALYSE (METAPHYSIK UND PSYCHOANALYSE) (2013). Dieses Buch brachte sechs Autoren von der einen oder anderen Seite zusammen. Im Nachhinein und angesichts der geringen Anzahl verkaufter Exemplare glaube ich, dass die metaphysische Interpretation zwar die Psychoanalyse einschließt, die Psychoanalyse die Metaphysik jedoch schlichtweg verneint und sie als Phantasma des Unbewussten abtut. Aus diesem Grund wäre es vielleicht besser gewesen, ein Gespräch zwischen einem Metaphysiker und einem

[12] Soll 2025 auf Italienisch erscheinen.

Psychoanalytiker zu veröffentlichen, als einfach nur die gegensätzlichen Thesen „aufzuzeichnen".

PHYSIQUE ET MÉTAPHYSIQUE (PHYSIK UND METAPHYSIK) (2018). Dieses Buch, das 2010 begonnen wurde und zu dritt mit Jean Borella und dem amerikanischen Physiker, Mathematiker und Metaphysiker Wolfgang Smith (1930) geplant war, wurde erst viel später veröffentlicht und leider konnte ich, da ich zu diesem Zeitpunkt in Arbeit erstickt war, nur die Einleitung schreiben und nicht meinen Teil. Diese Texte bieten eine Beleuchtung der modernen Physik durch die Metaphysik und einen „Gott und die Wissenschaft"-artigen Fokus. Dieses Buch wurde gleichzeitig in Frankreich und in angloamerikanischer Sprache in den USA veröffentlicht (*Rediscovering the Integral Cosmos, Physics, Metaphysics, and Vertical Causality*, Angelico Press, 2018)[13].

AC. Es gibt jetzt dieses Interviewbuch *Metaphysik für alle*, was gibt es sonst noch?

BB. Es gibt ein Buch über *Die Fallen der Esoterik,* das seit mehreren Jahren in Arbeit ist, mit Jean-Pierre Brach, Aldo La Fata, Jean-Pierre Laurant und mir, sowie *Paroles chrétiennes pour tous, contresens et vérités*[14] mit Aldo La Fata. Leider konnte Jean Borella nicht mehr teilnehmen.

AC. Was ist das Prinzip dieses Buches?

BB. Es geht darum, einige ziemlich bekannte Formeln wie „Du sollst nicht richten", „Liebe und tue, was du willst", „Es gibt viele Berufene und wenige Auserwählte", „Außerhalb der Kirche gibt es kein Heil" usw. zu nehmen und sie zu kommentieren, indem Sie eine möglichst treffende metaphysische Interpretation vorschlagen.

---

[13] Die Übersetzung ins Italienische ist fertiggestellt, sodass eine Veröffentlichung im Jahr 2026 möglich ist.

[14] *Paroles chrétiennes pour tous, contresens et vérités (Christliche Worte für alle, Missverständnisse und Wahrheiten)* ist im April 2025 bei L'Harmattan erschienen.

AC. Inzwischen schreiben Sie wieder an mehreren Büchern.

Métaphysique du paradoxe (Metaphysik des Paradoxons) (2019)

BB. Ich begann 2007 mit der Arbeit über Paradoxien, nachdem ich entdeckt hatte, dass die beste Kenntnis der christlichen Mysterien an unlösbaren Paradoxien scheitert und man dann „ins Leere springen“ muss. Aber nicht nur die rationale Erkenntnis Gottes bleibt an Paradoxien hängen, sondern auch die der Welt, des Menschen und der Gesellschaft.

AC. Beispiele?

BB. In der Kosmologie gibt es eine endliche Welt ohne Rand, in der Physik gibt es Schrödingers Katze, von der man nicht wissen kann, ob sie lebt oder tot ist, und bis in die Gesellschaft hinein, wo niemand das Gesetz ignorieren sollte, das aber nach Ansicht des Siegelbewahrers und der Parlamentspräsidenten unerkennbar geworden ist. Und es gibt noch viele andere.

Ich wollte dann die philosophische Methode auf die Paradoxien anwenden, die ich durch *Jean Borella, die metaphysische Revolution* und sein Buch *Penser l'analogie (Die Analogie denken)* gelernt hatte.

AC. Aber kann man nicht Metaphysik betreiben, ohne auf die Philosophie und ihre Methode zurückzugreifen?

BB. Für einen Teil. Dies ist auch der Grund, warum die drei Teile der akademischen Metaphysik zu einem bestimmten Zeitpunkt rationale Kosmologie, rationale Psychologie und rationale Theologie bezeichnet wurden.

Eigentlich wollte ich lernen, wie man die philosophische Methode anwendet. Ich habe natürlich Spezialisten vom EPHE, der Sorbonne und dem Collège de France zu Hilfe gerufen, aber ohne Erfolg.

AC. Wie meinen Sie das?

BB. Ich glaube, dass diese Lehrer so beschäftigt sind, dass sie nicht einmal die Zeit finden können, zu antworten, dass sie keine Zeit haben. Es ist ein wenig trostlos.

Ich habe mich also daran gemacht, diese „These“ allein zu verfassen, um zu zeigen, dass alles, was zu erkennen ist, auf Paradoxien stößt, dass es aber eine mögliche Erkenntnis gibt, die selbst paradox ist, nämlich die Metaphysik. Zusätzlich zur Erkenntnis durch Analogie gibt es also eine Erkenntnis durch Paradoxie. Und wie das Symbol hat auch das Paradoxon eine anagogische Tugend.

AC. Anagogisch?

BB. Aufsteigen, nach oben gezogen werden; das Auge der Seele aus dem Morast ziehen, wie Platon sagte[15]. So verweist das Symbol auf das, wovon es nur ein Bild ist, und wird als solches erkannt, während das Paradoxon dazu zwingt, festzustellen, dass die Realität jenseits des Symbols liegt. Es hat eine echte metaphysische Funktion. Es wäre sogar ein eigenes Gespräch wert.

AC. Ich nehme dies zur Kenntnis. Während wir hier sprechen, werden zwei Bücher veröffentlicht.

BB. Ja, aber in der Zwischenzeit gab es das Buch über Lacuria.

Lacuria (2020)

Abbé Lacuria (1806-1890) war ein Priester, Theologe und Metaphysiker des 19·Jahrhunderts. Jahrhunderts. Die Untersuchung seines Lebens und seines Werkes bildete den Rahmen meiner Doktorarbeit. Die Gegenüberstellung von Leben und Werk ist sehr aufschlussreich: Man hat das Gefühl, in den Kopf des Schreibers zu schauen.

---

[15] Siehe S. 66-67.

AC. Das bringt mich auf die Idee, ein Interview über das Metaphysische in Ihrem Leben zu planen, eine Art „metaphysische Biographie".[16]

BB. Warum nicht

Métaphysique du sexe (Metaphysik des Geschlechts) (2022)

Das erste Buch, das in diesem Moment erscheint, ist eine „Metaphysik des Geschlechts".

AC. Bereits von dem italienischen Metaphysiker Julius Evola (1898-1974) geschrieben, nicht wahr?

BB. Dies ist in der Tat der Titel seines Buches von 1958. Es handelt sich jedoch kaum um Metaphysik, mit Ausnahme des kleinen Kapitels mit dem Titel „Metaphysik des Geschlechts", in dem der von Aristophanes überlieferte und aus Platons *Gastmahl* stammende Mythos im Wesentlichen und in gekürzter Form wiedergegeben wird. Vor allem aber verzichtet Evola ausdrücklich (in seiner Einleitung) auf die Metaphysik *per se* und legt ein Buch vor, das vollständig dem Sex als transpsychologische und transphysiologische Kraft gewidmet ist, was mit seinem Interesse an „Zwischenwelten" und Magie zusammenhängt.

AC. Dies ist in der Tat weit von der Metaphysik entfernt.

BB. Was Julius Evola übrigens in keiner Weise schmälert. Er ist ein echter Metaphysiker, was man auch an seinen anderen Werken sehen kann.

Was eine echte Metaphysik des Geschlechts betrifft, so findet sich diese, abgesehen von meinen eigenen Ansätzen, kaum mehr als bei dem großen andalusischen Metaphysiker ibn ʿArabī (1165-1240) oder in Jean Borellas Meisterwerk: *Ein Mann eine Frau im Paradies* (2008). Selbstverständlich habe ich ihre Arbeiten integriert.

---

[16] Siehe Kapitel II.

AC. Aber gab es nicht auch diese *Metaphysik der Liebe* (1818) bei Schopenhauer ?

BB. Der deutsche Titel spricht sogar von *Geschlechtsliebe*, aber der Autor sieht nur den Pol der Spezies mit der Fortpflanzung und spricht von Sexualinstinkt, was wissenschaftlich falsch ist. Er gehört zu den unverheirateten Philosophen wie Heraklit, Platon, Descartes, Spinoza, Leibniz oder sogar jungfraülich wie Nietzsche oder Kant, die in Bezug auf das Thema Sex eher schweigsam waren, außer dass sie einige Fehler begangen haben wie Kant oder Schopenhauer, was natürlich nichts an ihrer Genialität ändert.

Es gibt Pläne für eine Veröffentlichung in italienischer Sprache. Im Land von Julius Evola, wäre der Titel *L'altra metafisica del sesso* („Die andere Metaphysik des Sex").

La démocratie du futur. Le partage du pouvoir (Demokratie der Zukunft, Teilung der Macht) (2022)

Das andere Buch, das in diesen Tagen erscheint, ist über die Demokratie.

AC. Und was hat das mit Metaphysik zu tun?

BB. Ich habe mich schon lange gefragt, warum sie „Es lebe die Republik!" und nie „Es lebe die Demokratie!" rufen, wenn sie diese doch als das *Nonplusultra* jeder menschlichen Gesellschaft bezeichnen. Vor allem, wie sie behaupten konnten, Demokratie und repräsentatives System zu identifizieren, was die amerikanischen Gründer und französischen Revolutionäre nicht taten, da sie sie als Gegensätze betrachteten.

Am Anfang ist es natürlich politische Philosophie, aber wenn man zu den Begriffen Gehorsam, Freiheit, Gleichheit und Brüderlichkeit kommt, kommt die Metaphysik zu ihrem Recht und ermöglicht es, die Frage der Demokratie ein wenig zu beleuchten. Dies war zumindest mein Gedanke. Ich ging von den gesellschaftlichen Paradoxien aus, die in der *Metaphysik des Paradoxons* identifiziert wurden, und versuchte in drei

Schritten zu zeigen, wie eine echte Demokratie aussehen könnte.

AC. Drei Zeiten?

BB. Die demokratische Illusion, die demokratische Unmöglichkeit und das demokratische Potenzial. Es ist in der Tat einfach, die unglaubliche Kluft zwischen dem Willen der Bürger und den getroffenen politischen Entscheidungen, zwischen dem demokratischen Prinzip und der Umsetzung aufzuzeigen. Dies ist die demokratische Illusion: eine Repräsentation, die nicht repräsentiert, gepaart mit dem Oxymoron einer „repräsentativen Demokratie". Danach folgen die Elemente, die eine Demokratie unmöglich machen.

AC. Beispiele?

BB. Man muss das Gesetz kennen, aber es ist unerkennbar; man erkennt die Unschuldsvermutung an, aber die Medien verbreiten frei und umfassend den Verdacht auf Schuld, sobald er aufkommt; die Justiz, die für alle gleich sein soll, erlaubt sich, *exemplarische* Urteile zu *fällen*, und man denkt über eine Aufteilung der drei Gewalten (Exekutive, Legislative, Judikative) nach, aber einige andere Gewalten scheinen über ihnen zu stehen: die Medien und die Wirtschaft, zum Beispiel.

Glücklicherweise gibt es ein demokratisches Potenzial. Sie ist im Kern der ursprünglichen Bedeutung der Demokratie zu finden, die darin besteht, die Macht zu teilen, zeitlich, räumlich und zum Teil abwechselnd. Daher die notwendige Erneuerung der Demokratie in Pankratie (die Macht gehört allen – aber nicht gleichzeitig!) oder Diakratie (sie wird geteilt).

AC. Ist das Metaphysik?

BB. Ja, insofern, als man, um zu dieser Schlussfolgerung zu gelangen, nicht nur die Geschichte oder die Aktualität der gegenwärtigen (Pseudo-)Demokratien betrachtet, sondern, wie gesagt, die Metaphysik der Gesellschaft in Bezug auf Freiheit, Gleichheit und Brüderlichkeit hinterfragt.

AC. In Ordnung. Können Sie abschließend noch etwas zu Ihren aktuellen Projekten sagen?

BB. Es gibt drei Hauptpunkte. Zunächst gibt es eine Metaphysik der Beziehung, wie sie im Zusammenhang mit der Dreieinigkeit erwähnt wurde, aber auf den Menschen angewandt, von der Schöpfung bis zu seiner eschatologischen Bestimmung.

AC. Eschatologisch: Schicksal des einzelnen Menschen nach dem Tod oder das Ende der Zeit für die Menschheit als Ganzes und das Universum?

BB. Beide Aspekte: persönlich und kollektiv. In der Tat wurde viel über die Metaphysik des Seins geschrieben, mit der paradoxen Koexistenz von Sein und Wesen, von Eins und Vielfach, aber ich sehe hinter diesem Paradoxon eine relationale Realität und daher die Notwendigkeit, eine Metaphysik der Beziehung zu formulieren.

AC. Aber ist das nicht schon längst geschehen?

BB. Natürlich, wie Jean Borella vor nicht allzu langer Zeit sagte: „Alles ist bereits gesagt worden. Bei Thomas von Aquin, bei Lanza del Vasto , bei Jean Borella... Ich habe dieses Thema sicherlich nicht erfunden, aber vielleicht und wenn es mir gelingt, eine Synthese zu diesem Thema zu bieten, bleibt noch etwas zu tun.

Ein weiteres Projekt könnte den Titel „Metaphysik und Mystik“ tragen. Dieses Thema würde sich gut für ein gemeinsames Buch eignen.

AC. Was das dritte laufende Projekt betrifft, so glaube ich zu wissen, dass es sich dabei um eine „Metaphysik des Glaubens“ handelt...

BB. Ja, mit der Idee, zu zeigen, was von der Ordnung des Wissens in der totalen Unwissenheit, in der sich der Mensch befindet, noch übrig ist. *Letztendlich* ist das Einzige, was wir wissen, dass wir nichts wissen; das haben alle großen Wissenschaftler gesagt, von Platon bis Max Planck. Es gibt auch die großartige Formulierung von Rachid Benzine : „Das Gegenteil von Wissen ist nicht die Ignoranz, sondern die Gewissheit“ (*Briefe an Nour*). Von diesem Standpunkt aus möchte ich den „Kern der Gnosis“ aufzeigen, von dem ich glaube, dass er in den Tiefen der Ungewissheit verborgen liegt.

AC. Das ist ein gutes Programm! Ich möchte Ihnen nun eine letzte Frage stellen; die „Killerfrage“, wie die Kinder sagen würden. Wenn Sie, wie Sie sagten, „die ewigen Wahrheiten betrachtet“ haben, als Sie Ihr erstes Buch schrieben, warum dann all diese Studien und all die folgenden Bücher?

BB. Es gibt eine Sache, die sie miteinander vereinbar macht, und das ist der Dienst an dieser Kontemplation und die unbändige Notwendigkeit, sie zu teilen. Darüber hinaus liegt es nicht mehr in meiner Hand, ob es mir gelingt, diese Ideen klar zu formulieren, ob es viele interessierte Leser gibt oder nicht. Ich tue das, was ich für richtig halte, Punkt.

AC. Die Entwicklung eines Marketings für Metaphysik würde offensichtlich die Metaphysik töten. Wir werden sehen, ob diese *Metaphysik für alle*[17] ein breites Interesse findet oder nicht.

BB. Das werden wir sehen. Wenn ich mit der Idee eines „metaphysischen Abenteuers“ schließen müsste, würde ich sagen, dass es kein solches Abenteuer gibt. Ich betrachte das Leben metaphysisch und alle Themen eignen sich dafür, Sex, Politik, Paradoxon, Beziehung, Psychoanalyse, Physik… Die Themen variieren, die metaphysische Perspektive bleibt unverändert.

[17] Jetzt aber unter dem Titel : Was ist metaphysik? Zwischen Anspruch und Wirklichkeit

Kapitel VI

Metaphysik und Mystik

Ich war von dieser Verbindung fasziniert und hoffte, dass sie eine bessere Unterscheidung zwischen einer Disziplin und einem spirituellen Weg ermöglichen würde, und so wählte ich dieses Thema aus dem vorherigen Gespräch aus.

AC. In unserem letzten Interview erwähnten Sie ein Verlagsprojekt mit dem Titel *Metaphysik und Mystik*, über das Sie nichts gesagt haben. Dieser Titel ist natürlich absichtlich etwas provokativ, zumindest aber faszinierend. Können Sie etwas dazu sagen?

BB. Natürlich. Es ist ein sehr einfaches Projekt, das in einen Absatz passen würde, wenn es nicht die Gelegenheit böte, die Metaphysik der Mystiker und die Mystik der Metaphysiker zu untersuchen.

Rationale Metaphysik und mystische Metaphysik

Wir haben gesehen, dass die Metaphysikotheologie von Aristoteles eine rationale Theologie war, während Platons Mystik und Metaphysik über diese Reduktion hinausging. Es ist alles da, es ist natürlich vereinfacht, aber keineswegs simpel. Der Geist des Menschen ist mit zwei Instanzen ausgestattet: einer Vernunft, d.h. einem Organ zur Berechnung…

AC. Wie meinen Sie das?

BB. Vor nicht allzu langer Zeit war ein Buch der Vernunft ein Buch der Rechnungen. Und wir werden Sätze berechnen, sagt die Logik. Diese Vernunft ist natürlich alles andere als unbedeutend; sie ermöglicht es dem „vernünftigen Tier“, hypothetisch-deduktives Wissen durch diskursive

Vernunft zu erlangen. Dies ist die *Dianoia*, und das Präfix „dia“ erinnert an die Distanz, die zwischen dem Subjekt und dem Objekt aufrechterhalten wird. Eine solche Erkenntnis durch Abstraktion (begrifflich oder mathematisch) hat etwas Illusorisches, ja sogar „dia-bolisches“ an sich. Natürlich nicht in praktischen oder technischen Begriffen, aber ist dies wirklich ein Wissen über den Hintergrund der Dinge? Nein, es handelt sich meist um eine Feststellung, bestenfalls um eine Beschreibung (wie die Schwerkraft), aber niemals um ein intimes Verständnis der Realität.

Die zweite Instanz, die ebenfalls bereits erwähnt wurde, ist die Intelligenz, der unmittelbare kognitive Prozess der intuitiven Erkenntnis oder, wie Platon vorschlägt, der dialektische Aufstieg des Intellekts zu dieser intuitiven Erkenntnis; dies ist die *noèsis*, *die* Noese.

AC. Dies ist die in Anhang 1 dargestellte Analogie-Linie.

BB. Ja, wir kommen immer wieder darauf zurück. Dieser Zugang zum Realen, der der Sinn der Intelligenz ist, ermöglicht es, Gott zu denken, nicht rational wie Aristoteles, sondern intuitiv, begreifend. Dies ist die Noese (*noèsis*), die Platon von der diskursiven Vernunft (*dianoia*) unterscheidet.

AC. Jeder Mensch verfügt über diese beiden Instanzen, sogar über diese doppelte Instanz, wie Sie sagten, aber wenn man sieht, wie Menschen der einen oder der anderen Fähigkeit den Vorrang geben, kann man dann nicht an eine Veranlagung des Geistes denken? Thomas von Aquin im Vergleich zu Bonaventura, deren Ansichten „sich weder ausschließen noch zusammenfallen“ können (Etienne Gilson, 1884-1978).

BB. Ja, der erste demonstriert, weil er abstrahiert, der zweite zeigt, weil er erkennt (Henry Duméry, 1920-2012). Ein Philosoph hat es noch anders ausgedrückt, indem er zwischen „Philosophien der Wahrheit und Philosophien der Realität“ unterscheidet. Erstere suchen nach den Ursachen, um die Wahrheit zu *beweisen*, letztere suchen nach der Quelle, um die

Realität *zu zeigen*; „die Quelle ist auf der Ebene der Realität das, was die Ursache auf der Ebene der Wahrheit ist" (Henri Gouhier, 1898-1994).

AC. Können Sie das erläutern?

BB. Die Philosophien der Wahrheit gehen von der Realität aus, argumentieren mit dem vorhandenen Gegebenen und haben das Ziel, dieses durch die Suche nach den nicht gegebenen Prinzipien, die darüber hinausgehen, zu erklären. Indem sie erklären und demonstrieren, was erklärbar und beweisbar ist, entfernen sie das Irrationale und rationalisieren in gewisser Weise den rationalisierbaren Teil der Realität. Für die Philosophien der Realität hingegen ist die Realität der Vernunft nicht zugänglich, so dass das Ziel darin besteht, sich ihr zu nähern. Eine erfolgreiche Erkundung wird niemals beweisen, aber wenn sie einmal entdeckt ist, wird es darum gehen, sie zu zeigen. Was nicht rational ist, kann nicht erklärt werden, aber es kann gezeigt werden.[18]

AC. Diese beiden Ansätze sind natürlich komplementär und eine Philosophie, die nicht an beiden teilnimmt, kann keine Philosophie sein, weil sie entweder auf eine irrationale Gemeinschaft mit der Realität hinauslaufen würde oder weil ihre rationalen Systeme von Wahrheiten wortreich und von der Realität abgekoppelt bleiben würden. Aber, und damit komme ich zu meiner Frage zurück, ob es nicht eine Prädisposition des Geistes gibt?

BB. Natürlich wurden die beiden sehr unterschiedlichen Formen des implizierenden Geistes und des nachfolgenden Geistes unterschieden. Im ersten Fall sind die Dinge ineinander eingeschlossen und miteinander verbunden; Hl. Bonaventura ist ein solcher Typ, der zur Synthese neigt. Die zweite Form ist eher analytisch geprägt; beispielsweise Thomas von Aquin (Chenique).

---

[18] Siehe *Métaphysique du paradoxe (Metaphysik des Paradoxons)*, S. 232.

Wie Sie bereits sagten, ist der doppelte Ansatz für jedes integrale Denken notwendig, weshalb Hl. Thomas von Aquin viel mehr Hl. Dionysius Areopagita als Aristoteles zitiert. Nur in der Art und Weise, wie die Dinge dargestellt werden, kann man einen Geist der Implikation von einem Geist der Konsekution unterscheiden.

AC. Wie können wir also dieses erste Thema abschließen?

BB. Ich würde sagen, dass dieser „Kern der Gnosis", der bereits erwähnt wurde, allen Menschen gemeinsam ist, denn sonst würde nichts für irgendjemanden einen Sinn ergeben. Wenn beispielsweise der Sophist behauptet, dass seine Rede das Wahre oder das Falsche schafft, vergisst er, dass „wahr" und „falsch" das bedeuten müssen, was sie bedeuten, damit seine Behauptung verständlich ist (Platon, Borella).

Sehr prosaisch ausgedrückt: Wenn sich die Metaphysik mit dem Jenseits der Physik, dem Jenseits der Natur (dem Übernatürlichen) befasst, ist sie notwendigerweise „mystisch", der Verstand reflektiert ein Licht, das er nicht selbst erschaffen kann. Es ist die Verständlichkeit der Dinge, die durch einen „Intellekt, der von außen kommt" (Aristoteles), wahrgenommen wird. In diesem Sinne ist jede Metaphysik notwendigerweise „mystisch", da sich ihr Diskurs als Metaphysik auf ein Jenseits der physischen Welt bezieht, an das sie glaubt, sonst würde sie schweigen.

AC. Diese Diskrepanz zwischen *Dianoia* und *Noesis* kann man auch heute noch gut nachlesen, z.B. bei Krisnamurti (1895-1986), wenn er sagt: „Die durchdringende Vision ist nicht die sorgfältige Ableitung des Denkens. Es ist die Wahrnehmung ohne den Wahrnehmenden"... Meine Frage ist: Wie kann man darüber sprechen? Was kann man darüber sagen?

Was man über das Unaussprechliche sagen kann

BB. Es wurde zu Recht gesagt, dass das Mysterium nicht das Unverständliche, sondern das Unaussprechliche ist (Chenique) und die Etymologie des Wortes „Mysterium“ bestätigt dies: Das Wort kommt von „stumm“. In der Neuzeit haben einige Philosophen nacheinander gesagt, dass man nichts darüber sagen kann: Kant (1724-1804), indem er eine Erkenntnis, die die Grenzen der bloßen Vernunft überschreitet, für unmöglich erklärte; Wittgenstein (1889–1951) mit seiner Anweisung: „[...] Was man nicht sagen kann, darüber muss man schweigen“ (*Tractatus logico-philosophicus*, 1919), d. h. alles, was ästhetischer, religiöser, ethischer oder metaphysischer Natur ist; oder auch Heidegger (1889–1976), der behauptet, dass es vor ihm keine echte Metaphysik gegeben habe, da sie sich nur mit den Seinsgegenständen und nie mit dem Sein befasst habe – er reduziert Aristoteles und ignoriert Platon schlichtweg.

AC. Zum Glück gab es Guénon, Schuon, Gilson, Borella... um zumindest an die Möglichkeit der bereits erwähnten Erkenntnis durch Teilnahme zu erinnern. Aber die Frage bleibt: „Was kann man über das Unsagbare sagen?“

BB. Es gibt bereits, fast allen Menschen gemeinsam, die Anerkennung eines Prinzips, das *transzendent* (d.h. jenseits und höher) zu dem uns bekannten Universum ist; dies ist die Antwort, die in Leibniz' Frage enthalten ist: „Warum gibt es etwas und nicht nichts?“ Alles hat eine Ursache, alle Wissenschaft ist Wissen durch Ursachen, und es gibt notwendigerweise eine Ursache ohne Ursache, eine erste Ursache. Dies ist der unbewegliche Motor des Aristoteles, zu dem das einfache Studium der Natur führt.

AC. Was ist mit Zufall?

BB. Aus dieser Sicht liegt die Ursache in der Schaffung der Umgebung, in der der Zufall auftreten kann, wie z.B. der

Programmierer des Algorithmus, der zufällige Vorkommen vorschlägt.

AC. Ist es nicht so, dass die Idee der ewigen Wiederkehr eine erste Ursache überflüssig macht, da das Ende eines Zyklus den Beginn des nächsten bewirkt?

BB. Erstens würde eine ewige Wiederkehr *des Gleichen* bedeuten, dass es nur einen einzigen Zyklus gibt, und wenn sie unterschiedlich sind, gibt es keine ewige Wiederkehr (Borella). Zweitens ist die Ursache für die Existenz dieses Zyklus bzw. dieser Zyklen immer noch notwendig.

AC. Und kann man noch mehr über diese transzendente Ursache sagen?

BB. Es gibt zwei mehr oder weniger konvergierende Ansätze. Ein eher „deduktiver" oder „konstruktiver" Ansatz und ein eher „rezeptiver" Ansatz. Der erste listet alle notwendigen Attribute des Prinzips aus dem Manifestierten auf, weil das Prinzip als Quelle notwendigerweise alle Grundlagen wie Liebe, Intelligenz, Macht usw. enthalten muss. Das zweite ist, was die Offenbarung und die damit verbundene Tradition über das Prinzip sagt.

AC. Dies erweckt den Eindruck, dass Metaphysik und Religionen gleichberechtigt sind, nicht wahr?

BB. In der Tat erfordert der konstruktive/deduktive Ansatz ein Minimum an „Aufnahmefähigkeit" oder intellektueller Intuition, da die entwickelten Konzepte sonst keinen Sinn ergeben würden. Es gibt eine rationale „Verkleidung", von der man sich nicht täuschen lassen sollte; es ist die Tatsache, dass die „Vorstellung" von Gott Sinn macht, die das gesamte Projekt bestimmt. Der grundlegende Unterschied zwischen diesen beiden Ansätzen besteht darin, ob man sich des Lichts, das man empfängt, bewusst ist oder nicht. Dieses Bewusstsein kann als Glaube bezeichnet werden und wird dann zum Vertrauen in die Offenbarung und die Tradition einer Religion. Wenn man dieses Bewusstsein nicht hat, bleibt dennoch der berühmte „Kern der Gnosis", der allen Menschen gemeinsam ist.

AC. In der Tat kann man auf die Intelligenz ebenso wenig verzichten wie auf die Vernunft. Der Schlüsselpunkt ist, welcher dieser beiden Instanzen der Vorrang eingeräumt wird.

BB. Das kann man durchaus so sagen. Es besteht ein Risiko, wenn man der Vernunft den Vorrang gibt: Man überbewertet sein eigenes kleines, individuelles Licht, obwohl es nur eine Reflexion des „Lichtes, das jeden Menschen erleuchtet, der in diese Welt gekommen ist" (Joh I, 9) ist, um es in christlicher Sprache zu sagen.

AC. Könnten Sie Beispiele nennen?

BB. Kant unterstellte der Vernunft weit mehr, als sie ohne das Licht, das sie erleuchtet, geben kann; aber das hinderte ihn nicht daran, ein „guter Christ" zu sein. Ebenso waren alle zitierten modernen Metaphysiker, Guénon, Schuon, Schaya, Burckhardt, Coomaraswamy, Chenique, Borella, religiös (Islam, Hinduismus, Christentum).

AC. Metaphysiker zu sein bedeutet also, religiös zu sein!

BB. Dies scheint unser Verständnis der Lichter der Intelligenz sowie das Beispiel der erwähnten Metaphysiker zu zeigen. Ich persönlich denke das auch.

Heideggers Ansatz (1889-1976) führt diese Position, wie mir scheint, ad absurdum: Er wendet sich von seinem katholischen Glauben ab, um einen „methodologischen Atheismus" zu praktizieren. Für ihn ist „die Philosophie selbst und als solche atheistisch", was es ihr ermöglicht, eine Wissenschaft zu sein. Hier finden wir sowohl die aristotelische wissenschaftliche Reduktion als auch die Vorrangstellung der Vernunft wie bei Kant. Heißt „Atheismus" in der Philosophie nicht einfach, sie von ihrer transzendenten Quelle zu trennen und damit diese Quelle anzuerkennen?

AC. Heidegger war jedoch ein Metaphysiker!

BB. Ja, aber die Metaphysik beginnt mit ihm, behauptet er. Daher seine Kritik, dass alles, was vor ihm kam, sich nur mit den Seienden (den Existierenden) und nicht mit dem Sein als solchem befasst hat: dieses „Hervorstechen aus dem Nichts" (Borella). Indem er sich mit dem Sein als Sein beschäftigt, ist er ein Metaphysiker, aber in der gesamten Metaphysik der Vergangenheit hat er nur den Naturalismus des Aristotelismus gesehen; er hat den Platonismus verpasst! Meine Überzeugung ist, dass er die Brille seines eigenen Ansatzes benutzte, die Philosophie auf eine Wissenschaft zu reduzieren. In seiner Nachfolge wird ein Quine (1908-2000) keinen Unterschied zwischen Wissenschaft und Philosophie mehr machen.

AC. Man rechnet, aber dann denkt man nicht mehr. Wenn ich es richtig verstanden habe, ist man schematisch entweder Aristoteliker und rationalisiert externe Daten; oder man ist Platoniker und das Bewusstsein oder die Intuition des Transzendenten wird zur Evidenz. Aus diesem Grund sind die genannten Beweise für die Existenz Gottes nutzlos, oder?

Beweise für die Existenz Gottes

BB. Wenn von Beweisen die Rede ist, handelt es sich um einen eher rationalen oder logischen Ansatz, und zweifellos waren diese Beweise zumindest für diejenigen, die sie entwickelt haben, nützlich.

AC. Was bedeutet das?

BB. Das heißt, dass sie, obwohl sie die Intuition einer Ursache der Ursachen haben, dennoch eine rationale Arbeit leisten. Dies führt sie zu logischen Argumentationen, die es ihnen ermöglichen, ihre beiden Fähigkeiten – intellektuelle Intuition und vernünftige Vernunft – in Einklang zu bringen. Meine These ist, dass es sich hierbei in erster Linie um eine Arbeit der eigenen internen Versöhnung handelt, wobei die

Gefahr besteht, dass die Vernunft den scheinbaren Primat behält.

AC. Ich verstehe, was Sie meinen. Und was sind diese „Beweise“

BB. Im Allgemeinen sind diese Beweise sogenannte logisch begründete Gedankenexperimente und stehen in Verbindung mit der Erfahrung, die man von der Außenwelt machen kann.

Es gibt drei klassische Beweise (Aristoteles, Thomas von Aquin, William L. Craig, 1949-), die von der Erfahrung der Kontingenz der Welt ausgehen und die notwendige Existenz Gottes ableiten (daher der Name „kosmologische Beweise“). Es gibt den berühmten unbeweglichen Motor (da jede Bewegung durch einen Motor verursacht wird, muss es notwendigerweise einen ersten unbeweglichen Motor geben, d.h. einen Motor, der nicht durch einen anderen bewegt wird). Die Existenz eines solchen Motors wird ebenfalls bewiesen. Schließlich gibt es noch den Ansatz über Kontingenz und Notwendigkeit (da nicht alles strikt kontingent ist, gibt es mindestens ein Wesen, dessen Existenz notwendig ist und daher nicht durch ein anderes Wesen notwendig gemacht wird).

AC. Ist das alles?

BB. Fast, es gibt noch zwei weitere klassische Beweise. Der eine unterscheidet einen Zweck im Universum und kommt zu dem Schluss, dass es ein intelligentes Wesen geben muss, durch das alle natürlichen Dinge auf ihren Zweck ausgerichtet sind. Er findet sich zuerst bei Platon, aber auch bei Aristoteles, al-Kindī (801-873), Hl. Thomas von Aquin, Leibniz und sogar Voltaire (1694-1778)!

AC. Dies sind seine berühmten Verse:

> Das Universum verwirrt mich, und ich kann nicht daran denken.
> Dass diese Uhr existiert und keinen Uhrmacher hat.
> (*Die Kabalen*, 1772)

BB. Es ist sogar ein Vergleich aus dem Jahr 1734. In der angelsächsischen Welt ist es *die* sogenannte „*Watchmaker Analogie*", als deren Erfinder 1813! überraschenderweise William Paley (1743-1805) angegeben wird.

AC. Dieser Beweis durch die Finalität ist in der Wissenschaft nie zu finden?

BB. Sie findet sich nur noch in heterodoxen, finalistischen wissenschaftlichen Optionen, wie dem *intelligenten Design* oder den Argumenten der irreduziblen Komplexität (Behe, 1952-) und der spezifizierten komplexen Information (Dembski, 1960-), dem anthropischen Prinzip (Carter, 1942), der Theorie der morphogenetischen Felder (Sheldrake, 1942-) oder der vertikalen Kausalität (Wolfgang Smith, 1930-2024).

Und sie sind keine Philosophen. Unabhängig von ihren metaphysischen Fähigkeiten sind sie im Wesentlichen Wissenschaftler.

AC. Und dann?

BB. Auf dem Gebiet der Finalität hat die Philosophie Rechte, die die Wissenschaft nicht oder nicht mehr hat. Die moderne Wissenschaft hat die von Aristoteles aufgestellte Endursache aus methodischen Gründen aus ihrem Forschungsbereich ausgeschlossen.

Es gibt noch einen zweiten Beweis durch die Vollkommenheit. Nachdem man verschiedene Grade der Vollkommenheit in der Natur festgestellt hat, folgert man daraus die notwendige Existenz eines absoluten Grades der Vollkommenheit. Diese Argumentation findet sich, zumindest in Ansätzen, bei Platon und Aristoteles, dann bei Augustinus, Thomas von Aquin, Bossuet (1627-1704)…

AC. Es scheint, dass wir mit all diesen „Beweisen" zwei grundlegende metaphysische Konzepte haben: die Notwendigkeit einer Kausalität oder eines zureichenden Grundes (Leibniz; Clarke, 1675-1729) und die Tatsache, dass alles ein

Prinzip benötigt, das ihm übergeordnet ist, bis hin zu einem ersten Prinzip, das alle Vollkommenheiten besitzt. Das scheint ziemlich unbestreitbar zu sein, nicht wahr?

BB. Alles kann immer noch verneint werden – und wurde auch verneint –, aber es gibt noch ein Argument, das der Liste hinzugefügt werden kann. Es ist der sogenannte moralische Beweis von Kant: Gott ist der einzig mögliche Grund für das moralische Bewusstsein (*Kritik der praktischen Vernunft*, 1788), ein Beweis, den wir bei Hl. John Henry Newman (1801-1890), Maurice Nédoncelle (1905-1976) oder Craig finden werden. Kant lehnte alle anderen Beweise ab und ersetzte sie durch diesen.

AC. Welche Argumente benutzte er also?

BB. Bei Kant wird immer noch eine intellektuelle Intuition verneint, die die Vernunft überragt und ihre Berechnungen verständlich macht. Der Vernunft bleiben somit nur die Objekte, zu denen sie Zugang hat. Sie ist daher strikt von ihnen und der strikten Logik, der sie unterliegt, abhängig (Borella). In allen Argumenten, die von der Welt ausgehen, um Gott abzuleiten, gibt es jedoch den notwendigen, aber für ihn unmöglichen Gedanken Existenz Gottes; daher sind für Kant alle diese Beweise ungültig. Wie wir sehen, ist er in seinem rationalistischen Schema gefangen: Das Konzept von Gott ist identisch, ob er existiert oder nicht. Er reduziert somit das Erkennbare auf das Begreifbare...

AC. Was bedeutet das?

BB. Für ihn muss jede wahre Erkenntnis begrifflich sein und jedes Konzept erfordert eine empirische Absicherung. Daher kann man nur durch einen Begriff denken, und Gott zu denken bedeutet, einen Begriff zu denken, der streng genommen nicht durch eine Existenz überlagert werden kann.

AC. Aber begeht er dann nicht denselben Fehler, wenn er die Existenz Gottes für notwendig für das moralische Bewusstsein hält?

BB. Seine These über die reine Vernunft ist nicht mehr auf die praktische Vernunft anwendbar. Für die Moral und die guten Sitten ist es praktisch, dass Gott existiert. Man kann jedoch nichts über ihn wissen, sondern nur an ihn glauben. Im Allgemeinen glaube ich, dass er in die Falle seiner immensen Intelligenz getappt ist, indem er sein ganzes Vertrauen auf sein eigenes Licht setzte. Nachdem er mit dem Aufbau seines Werkes begonnen hatte, war er dazu verurteilt, seine Logik bis zum Ende durchzuziehen. Thomas von Aquin, dessen intellektuelle Kraft niemandem entgeht, konnte, wie bereits erwähnt, behaupten, dass sein kolossales und unübertroffenes Werk nur ein Strohhalm sei (im Vergleich zu einer Erfahrung Gottes).

AC. Gab es andere, die Kant widerlegt hat, um all diese Beweise für die Existenz Gottes zu widerlegen?

BB. Es gibt sicherlich unzählige von ihnen in einer Welt, in der es schon immer diejenigen gab, die eher glauben, und diejenigen, die eher nicht glauben. Die Existenz der Ungläubigen war sogar ein Argument gegen die Existenz Gottes. In der modernen Welt gibt es viele Argumente, die oft von Wissenschaftlern stammen: der Verifikationismus, der besagt, dass Gott empirisch getestet werden muss (Carnap, 1891-1970), die rationale Logik, die definiert, dass die Beweislast bei demjenigen liegt, der die Existenz Gottes behauptet (Russell, 1872-1970). Es gibt auch das Argument, dass Gott überflüssig ist, um die Welt zu erklären (Laplace, 1749-1827; Hawking, 1942-2018), was Ihn aber nicht daran hindern würde, zu existieren (van Inwagen, 1942-).

AC. Dies steht in Verbindung mit dem Glauben an eine Wissenschaft, die alles erklären kann…

BB. Ja, wir haben bereits darüber gesprochen[19]. Aber eine solche prinzipielle Position besteht auch darin, dass man

[19] *Siehe* Kapitel I. Metaphysik und Wissenschaft.

feststellt, dass es Materie gibt und sich damit zufrieden gibt. Hawking kann sagen: „Wenn das Universum völlig autonom ist, ohne Grenzen oder Ränder, kann es weder noch geschaffen oder zerstört werden. Es ist einfach da“ (*Kleine Geschichte des Universums*, 2008), ein solches Universum hat keine Existenzberechtigung, aber das reicht ihm.

Es gibt noch einige Argumente, die man anführen könnte: das Argument der unvollkommenen Welt (gegen Leibniz' „beste aller möglichen Welten“), das Argument der Präsenz des Bösen oder die Denunzierung einer Gott-Illusion („Der Mensch hat Gott nach seinem Bilde geschaffen“, sagte Feuerbach)...

AC. Wir haben bereits darauf hingewiesen, dass eine Kritik durch die universelle Illusion entweder denjenigen, der sie entdeckt, über die gesamte Menschheit erhebt, oder dass die Illusion nicht universell ist.

BB. Ja, es ist eine Falle, in die viele getappt sind; die von Feuerbach (1804-1872) angeprangerte gesellschaftliche Illusion wurde von Freud (1856-1939) als psychologische Illusion bezeichnet. In jüngerer Zeit werden neurologische Argumente angeführt: Denken an Gott aktiviert den medialen präfrontalen Cortex (Nicholas Epley), Religiosität wird durch den Neurotransmitter Serotonin verursacht (Jacqueline Borg), das Gefühl der Verschmelzung mit dem Universum entsteht durch eine Verlangsamung der Aktivität des oberen parietalen Cortex, die göttliche Präsenz wird durch elektromagnetische Stimulation der Temporallappen hervorgerufen (Michael Persinger), das Gefühl, den Körper zu verlassen, wird durch Aktivierung des Gyrus angularis des temporalen Cortex erreicht (Olaf Blanke)...

AC. Und was ist davon zu halten?

BB. Die Kontinuität zwischen psychischen und physischen Zuständen und deren gegenseitige Beeinflussung ist nicht mehr zu leugnen. Ich denke, dass die physische

Verankerung des menschlichen Lebens weder die Freiheit noch das Bewusstsein bestimmt, die beide miteinander einhergehen.

Vor allem gibt es etwas Interessanteres als all diese rationalen Gottesbeweise, die von der Erfahrung der Welt ausgehen und zu ihrer Ursache zurückführen, wie es Aristoteles getan hat. Es gibt die Erfahrung der *Idee* Gottes – „I" in Kapitalbuchstaben[20] – nach Platon.

AC. Das Kapitalbuchstaben „I" ist von entscheidender Bedeutung. Wir befinden uns hier nicht mehr im Bereich der bloßen Ideen – kleines „i" – oder Konzepte: der Herrschaft der Rationalität, sondern in der verständlichen Realität.[21]

BB. Und man „betritt" sie, wenn der Intellekt diese Realität reflektiert und wenn man sich bewusst wird, dass es sich um eine Reflexion und nicht um das eigene Licht handelt.

Gotteserfahrungen

Solche Gotteserfahrungen wurden von Metaphysikern mindestens seit Platon berichtet. Für unsere Zeitrechnung ist der Initiator Hl. Anselm (1033/1034-1109), genannt der großartige Arzt, zu nennen, dann Descartes, Leibniz und Borella, soweit ich sie kenne.

Descartes' Version ist berühmt, weil es diejenige ist, die von Kant und auch von Schopenhauer nicht verstanden wurde. Für Descartes bedeutet Gott zu denken nicht, ein Wesen zu denken, das so vollkommen ist, dass ihm sonst seine Existenz fehlen würde, sondern weil er ist, kann man ihn denken. Als Metaphysiker bleibt er auf der gleichen Linie wie das Cogito (das in der Tat sagt: *weil* ich denke, bin ich). Weit

[20] Das gilt natürlich auf französisch, wo die Kapitalbuchstaben für Substantive eine Option ist.
[21] Siehe Anhang 1.

entfernt von einem „Ich denke Gott, also existiert er", erkennt er, dass „weil Gott ist, kann ich ihn denken":

> Diese Idee ist mir angeboren. Als Gott mich schuf, legte er diese Idee in mich, damit sie wie das Zeichen des Arbeiters auf seinem Werk sei (*Meditationes de prima philosophia*, 1641).

Kant nannte dies den „ontologischen Beweis", weil er darin ein Konzept sah, dem die Existenz hinzugefügt wurde. Descartes stellt jedoch klar, dass sein Denken nicht die Existenz schafft, sondern dass „die Existenz Gottes mich zu diesem Gedanken bestimmt"; Gott ist kein Konzept, außer für den Kantismus: „Kein Mensch kann durch bloße Ideen reicher an Wissen werden" (Kant).

AC. Es ist immer noch die platonische Unterscheidung zwischen Konzept oder Idee („i" klein) und der intelligiblen Realität oder der Welt der Ideen („I" groß).

BB. Eine Unterscheidung, die Aristoteles zu Recht nicht in Betracht ziehen wollte, um die Wissenschaft zu begründen, und die Kant auf die Philosophie anwenden möchte. Vor allem geht es Kant darum, die Ordnung des Seins von der Ordnung des Denkens zu trennen.

Aber wenn wir annehmen, dass diese beiden Ordnungen einander radikal fremd sind, gibt es zwei Fälle:
- Wenn diese radikale Trennung in der Ordnung des Seins liegt (und daher wahr ist), dann kann Kants Denken auf wundersame Weise aus sich selbst herauskommen – das ist die Intuition, deren Möglichkeit er verneint;
- Wenn diese Trennung noch in der Ordnung des Denkens liegt, ist das Wesen, um das es geht, ein gedachtes Wesen, und daher ist es sogar absolut unmöglich zu wissen, dass man nicht vom Logischen zum Ontologischen übergehen kann, da das Ontologische immer nur das gedachte Ontologische, d.h. das Logische ist (Borella).

AC. Dies ist der Widerspruch des Kantischen Systems. Es kann nur von einem gedachten Wesen sprechen, es sei denn, man hat eine gewisse Intuition davon, aber es leugnet die Möglichkeit dazu

BB. Um diesen Widerspruch zu verschleiern, unterscheidet er zwischen Denken und Erkennen, aber dies gilt nur für das Absolute, für alles andere gilt, wie bereits gesagt, dass die Intelligenz der Sinn für das Reale ist und die Ordnungen des Seins und des Denkens einander nicht fremd sind: „Es gibt kein Sein außer für das Erkennen" (Borella).

Es muss unbedingt ein Wort über das von Hl. Anselm (von Canterbury) vorgeschlagene Experiment gesagt werden. Auch er hat nie behauptet, Konzept und Existenz zu verknüpfen: „Etwas anderes ist es, eine Vorstellung von einem Gegenstand zu haben, etwas anderes ist es, an seine Existenz zu glauben".

Stattdessen bietet er an seine Erfahrung zu teilen, Gott so zu denken, dass er sich nichts Größeres vorstellen kann. Die Frage ist, was das Ende der begrifflichen Steigerung des Größten ist. Das Sein Gottes, die Tatsache, dass er ist, ist nicht eine der verschiedenen Vollkommenheiten, die ihm hinzugefügt werden können, sondern die Gesamtheit aller möglichen Vollkommenheiten, gerade weil es als die reine und unendliche Realität, die unüberschreitbare Grenze des Denkens, angesehen wird.

AC. Aber sind wir noch nicht in der Ordnung des Denkens?

BB. Ja, in gewisser Weise, und das ist es, was Hl. Thomas von Aquin sagen wird. Thomas von Aquin : „Aus der Tatsache, dass man das, was das Wort Gott ausdrückt, versteht, folgt nicht, dass Gott existiert, es sei denn im Intellekt" (*Contra Gentiles*, L. I, Kap. 11). Die Existenz Gottes ist *an sich offensichtlich,* aber sie ist es nicht für uns, sagt Thomas von Aquin .

AC. Und wie kann die Existenz Gottes für sich selbst offensichtlich sein, aber nicht für uns? Es sind immer nur wir, die denken, ob wir nun Anselm, Thomas, Leibniz, Descartes oder Kant heißen! (Borella)

BB. Das ist die richtige Frage. Es ist nicht möglich, Gott als notwendig zu denken, während man gleichzeitig denkt, dass diese Notwendigkeit rein ideell und nicht real ist? Entweder erreicht dieses Denken das Sein und das Wahre – auf die eine oder andere Weise – und unsere Reden haben einen Sinn, oder nicht. Im zweiten Fall ist die Widerlegung der Rede von Hl. Anselm oder von Descartes nur eine weitere Rede ohne Bedeutung (Borella).

Natürlich ist das von Hl. Anselm vorgeschlagene Experiment keine rationale Demonstration, es geht nicht darum, *zu demonstrieren,* sondern *zu zeigen.* Hl. Anselm schlägt keinen *Beweis* vor, sondern einen *Prüfung* (Borella)[22]. Durch den Akt der höchstmöglichen Konzeption wird die Intelligenz einer solchen spekulativen Anstrengung unterworfen, dass sie gezwungen ist, sich selbst zu übertreffen, ihr kleines begriffliches Licht für ein Jenseits aufzugeben. Der Experimentator hört dann auf, für sich selbst zu denken und lässt sich von dem denken, was in ihm gedacht wird. Er ist nicht mehr die Ursache des Denkens, sondern sein Denken ist eine Wirkung, die Umkehrung von logisch zu ontologisch (Borella).

AC. Dies ist eine Illustration dessen, was Sie seit Beginn unserer Gespräche sagen: Metaphysik führt zu ihrer eigenen Auslöschung, weil sie uns über das reine und einfache Konzept hinausführt.

BB. In technischeren Begriffen spricht Jean Borella von der irreduziblen Semantik des intellektiven Bewusstseins.

---

[22] Auf französisch : kein « *preuve* » (Beweis), sondern ein « *épreuve* » (Prüfung). Anmerkung des Übersetzers (AdÜ).

Dies bedeutet, dass die Bedeutung in der Intelligenz empfangen wird; sie schafft sie niemals von sich aus.

Dieser Sinn ist der Sinn der Realität, ein Grad der Realität, der den Grad der Realität, in dem sie sich manifestiert, übersteigt. „Der kognitive Inhalt des Intellekts übersteigt den Realitätsgrad seiner Manifestation, d.h. er ist transzendent", sagt Jean Borella.

AC. Hier finden wir Aristoteles, der sagt, dass „der Intellekt durch die Tür" oder „von außen" kommt. Und vor allem Platon und die Noese, die Kontemplation der Essenzen.

Kapitel VII

Metaphysik des Glaubens

Was ist Glauben und woran glaubt man, wenn man glaubt? Eine metaphysische Betrachtung dieser Fragen erschien mir sinnvoll, nicht zuletzt, um einen Eindruck davon zu bekommen, was Bruno Bérard zu diesem Thema zu tun beabsichtigt.

AC. Ihr Plan, eine Metaphysik des Glaubens zu schreiben, wurde erwähnt. Wie kam es zu dieser Idee?

BB. Woran glaubt man, wenn man glaubt? Das ist natürlich die Frage, die ich mir selbst gestellt habe.

In den 60er und 70er Jahren gab es eine Reihe von Büchern, die bei Grasset unter dem Titel „Was ich glaube" herausgegeben wurden. Verschiedene bekannte Autoren (Jean Guitton, Jacques Ellul, Hervé Bazin, Léopold Sédar Senghor, Bernard Kouchner usw.) geben darin ihre Ansichten über die Gesellschaft, die Liebe, den Tod usw. *Es* gibt auch metaphysische Aspekte, insbesondere bei Jean Guitton über die Frage, was es bedeutet, zu glauben, oder bei Jacques Ellul als Konvertiten. Es gab auch das berühmte Buch *Gott existiert, ich habe ihn getroffen* (1969) von André Frossard (1915-1995), der 1935 beim Besuch einer Kapelle eine Offenbarung erlebte. „Ich bin Gott begegnet, wie man einer Platane begegnet. Das ist eine Tatsache, Punkt", schrieb er etwa 30 Jahre später.

AC. Es gibt sicherlich eine Metaphysik der Konversion und es gab viele Blitzkonversionen, wie z.B. die berühmte Konversion von Israel Zolli (1881-1956) und viele andere. Dies scheint ein gutes Beispiel dafür zu sein, dass manche

Menschen sich an etwas Offensichtliches halten und andere nicht; es gibt jedoch keinen Hinweis auf den Inhalt des Glaubens...

BB. Daher die Idee, diese Frage metaphysisch zu betrachten. Wenn Sie sagen „an etwas Offensichtliches glauben", wirft das bereits die Frage nach Glauben und Wissen auf.

Glauben oder Wissen?

Oft werden Gläubige, die glauben, und Wissenschaftler, die wissen, einander gegenübergestellt. „Glauben" ist demnach eine Frage der Religion und „Wissen" eine Frage der Wissenschaft. Aber das ist nicht so einfach. Kann man an etwas glauben, von dem man nichts weiß? Und kann man etwas wirklich wissen, von dem man nichts glaubt? Es ist daher eine Illusion, dass Glauben und Wissen sich gegenseitig ausschließen.

AC. Aber haben wir nicht die kognitive Ordnung, die von Unwissenheit über Glauben bis hin zu Wissen reicht?

BB. Tatsächlich muss man notwendigerweise die volitive Ordnung hinzufügen, d.h. die Zustimmung, die den Willen impliziert (Borella). Es wird sogar gezeigt, dass jeder Beweis notwendigerweise ein Glaube ist.[23]

AC. Was meinen Sie?

BB. Es gibt eine ständige Konfrontation zwischen diesen beiden Bereichen, die in der Ordnung der Rationalität grundsätzlich getrennt sind: Worte und Dinge, Reden und Tatsachen. „Ein Satz wird bewiesen, wenn er, nachdem er mit einer anerkannten Methode aufgestellt wurde, Gegenstand eines Glaubens ist. Wir haben in der Tat zwei getrennte Elemente: die zu beweisende Aussage und die objektive Vorrichtung zur Prüfung der Aussage. Ein erster notwendiger Glaube ist der subjektive Glaube des Empfängers des Beweises an die

---

[23] Siehe *Métaphysique du paradox (Metaphysik des Paradoxons)*, Kap. VI.

Wirksamkeit des Beweises, der zweite, intersubjektive Glaube ist der Glaube an die Richtigkeit der Beweisverfahren (Fernando Gil, 1937-2006).

AC. In der Tat, aber diese beiden notwendigen Überzeugungen werden in der Wissenschaft selten hervorgehoben.

BB. Die technische oder praktische Wirksamkeit dient als Beweis. Wir sehen hier auf jeden Fall, dass Glauben und Wissen untrennbar miteinander verbunden sind. Wenn Kant sagt: „Ich musste also das *Wissen* abschaffen, um einen Platz für den *Glauben* zu finden", dann scheint mir, dass er diese irreduzible Kombination übersieht.

AC. Wie lautete seine Argumentation?

BB. Er postuliert, dass die metaphysischen Objekte: Ich, die Welt und Gott, unerkennbar sind (*Kritik der reinen Vernunft*, 1781), aber obwohl sie *empirisch* unerkennbar sind (man kann sie nicht sehen, riechen oder berühren), ist es vernünftig, sie als moralisch notwendige Hypothesen zu postulieren (*Kritik der praktischen Vernunft*, 1788).

AC. Das ist Balancieren!

BB. Instabil, sobald man nicht mehr von der rationalistischen Konstruktion – oder Reduktion – unterworfen ist.

Die nächste Unterscheidung in unserem Zugang zum Glauben betrifft das Verhältnis von Wissen und Erkenntnis.

Wissen oder Erkenntnis?

Um es gleich auf den Punkt zu bringen: Wissen wird aufgebaut – Erkenntnis ist gegeben.

AC. Das müssen Sie mir näher erklären.

BB. Das Reich des Wissens ist an sich schon paradox. Einerseits wissen wir – dass wir nichts wissen (Sokrates/Platon; Montaigne, 1533–1592), andererseits ist die Akkumulation von Wissen in den Wissenschaften, Technologien und Handwerken offensichtlich. Denn theoretisches Wissen bleibt immer eine plausible Hypothese, während praktisches Wissen unwiderlegbar ist.

Erkenntnis aber ist etwas ganz anderes! Sie ist nicht herstellbar, sie ist eine reine Feststellung (Borella): Es gibt Erkenntnis! Es ist der Intellekt – der von außen kommt (Aristoteles, wie bereits gesagt) –, das Verstehen, das sich ereignet, der Sinn, der sich offenbart.

AC. Das sagt auch Meister Eckhart: „Das Intelligieren ist als solches ungeschaffen."

BB. Ganz genau! Erkenntnis ist die transzendentale Bedingung jedes kognitiven Akts. Es ist das Beispiel – wir haben es schon erwähnt – des Lichts, das einen Kristall durchdringt. Wird dieses Licht vom Kristall selbst erzeugt? Und wenn nicht: wie unterscheidet man dann den Intellekt von dem Licht, das er empfängt? Daraus folgt: Der Intellekt ist – in seinem übermenschlichen Wesen – ungeschaffen und unerschaffbar, und „der kognitive Gehalt des Intellekts übersteigt den Wirklichkeitsgrad seiner Manifestation" (Borella).

Glauben heißt also: einer Aussage zuzustimmen, die man für wahr hält. Das kann zum Beispiel eine Verwandtschaftsbeziehung sein, oder die Tatsache, dass Wasser bei 100 °C siedet. Entweder schenkt man einem Zeugnis Vertrauen – oder man kann es empirisch selbst überprüfen.

AC. Mit anderen Worten: Für den Großteil unseres Wissens vertrauen wir auf Zeugnisse – selbst wenn diese sehr indirekt sind. Aber wie steht es mit der Erkenntnis?

BB. Dabei handelt es sich um das schlichte Bewusstwerden der Kraft der Intelligenz, im Vergleich zum bloßen Vernunftdenken (Platon), um die Übernatürlichkeit des Intellekts oder der intelligiblen Formen (Aristoteles), um die Unherstellbarkeit des Sinns oder des „semantischen Prinzips" (Borella).

Es sind auch die bereits erwähnten Beispiele aus einem früheren Gespräch: die Erfahrung des Gedankens an das

Größte (Anselm von Canterbury) oder die Idee Gottes als Ursprung des Gedankens Gottes (Descartes).

Wenn die Intelligenz tatsächlich „von Natur aus übernatürlich" ist und „wesensmäßig metaphysisch", wenn „der Intellekt bereits etwas Göttliches ist" (Borella), dann ist die Erkenntnis, von der wir sprechen, der Zugang – vermöge des Wesens dieses Intellekts – zu dem, was über den Menschen hinausgeht.

AC. Und weiß der Mensch wirklich, was größer ist als er selbst?

Woran man glaubt.

BB. Nehmen wir das Beispiel des Christentums, das wohl die Religion ist, mit der die meisten Leser noch am ehesten vertraut sind. Hier umfasst der Glaubensinhalt die Elemente der Offenbarung, die durch Zeugnis überliefert wurden – durch die Tradition, die Heiligen Schriften sowie durch die innere Erleuchtung oder die „theopathische Intellektion".

AC. Was ist das?

BB. Die Intelligenz besitzt von Natur aus die Fähigkeit, Erleuchtung zu empfangen – doch sie muss diese Erleuchtung auch tatsächlich empfangen. Im Christentum geschieht dies durch die Einführung in den Glauben: die Taufe, die Firmung und die Eucharistie. Dies ist die Aktualisierung, durch die sakramentale Initiation in die Gotteskindschaft, des Vermögens des Intellekts, von Natur aus auf das Übernatürliche hin geordnet zu sein (Borella).

Wenn die Theologie definitionsgemäß die Wissenschaft von Gott ist, dann ist die Erkenntnis Gottes ihre *gelebte* Vollendung.

AC. Ist das dann nicht Mystik?

BB. Dazu kommen wir noch. Hl. Dionysius Areopagita unterscheidet vier *aufeinanderfolgende* Wege (oder Modi) der Theologie, die mir hier als wesentlich erscheinen, um den

Inhalt des Glaubens zu verstehen, von dem wir sprechen. Ich werde dem folgen, was Jean Borella darüber geschrieben hat.[24]

1. In der SYMBOLISCHEN THEOLOGIE liest der Verstand die Symbole (Fels, Kreuz, Licht usw.), die ausdrücklich geoffenbart sind.

Man erkennt dann „in diesen Formen eine Lehre, die sich jeder Form entzieht" (René Roques, 1927–2019), und versteht „in der Gestalt dieser Wirklichkeiten die Wirklichkeiten ohne Gestalt" (Borella).

AC. Können Sie etwas zu den Symbolen sagen, die eines der Hauptthemen der Arbeit Jean Borellas darstellen?

BB. Kurz gesagt: Ein Symbol verbindet *ontologisch* ein Sichtbares mit einem Unsichtbaren in Form einer „ungleichen Ähnlichkeit" (René Roques, 1917–). Die *Ähnlichkeit* ist eine statische Beziehung – das ist der analoge Charakter des Symbols. Die *Unähnlichkeit* dagegen lenkt vom Bild weg und hebt dynamisch zum Urbild hinauf – das ist die anagogische Kraft des Symbols.

2. In der AFFIRMATIVEN THEOLOGIE betreten wir das Feld des begrifflichen Denkens, der diskursiven Vernunft – und damit der Sprache. Ausgehend von Gott, wie er in der Schrift offenbart ist, folgen wir der absteigenden Ordnung der göttlichen Immanenz durch die Stufen der Schöpfung: Eines oder Gutes, Sein, Leben, Intelligenz... bis die Möglichkeit begrifflicher Entfernung erschöpft ist.

3. Die NEGATIVE THEOLOGIE verneint dann all jene Symbole und Begriffe, die zuvor bejaht wurden – weil Gott noch jenseits von all dem ist. Der Begriff wird hier nicht mehr als

---

[24] Siehe *Lumières de la théologie mystique (Lichter der mystischen Theologie)* (Lausanne : l'Age d'Homme, 2002) oder *Jean Borella , la Révolution métaphysique (Jean Borella, die metaphysische Revolution)* (Paris : L'Harmattan, 2006), Kap. 10.

mentales Objekt verstanden, sondern als *metaphysischer Operator*: Indem das mentale Objekt verneint wird, kann die theologische Intelligenz die transzendente Realität, auf die es verweist, durchschauen. Das Urbild ist transzendent gegenüber seinem Spiegelbild im Denken.

AC. Das erinnert an Platons Lehre von der „Analogie der Linie“ (vgl. Anhang 1) – sowie an die Idee, dass die Metaphysik erlischt, sobald sie ihre Funktion erfüllt hat.

BB. Ganz genau. Man könnte sagen: Die symbolische Theologie entspricht der Vision, die affirmative dem (rationalen) Diskurs, und die negative der (intellektuellen) Intuition. So ermöglicht die negative Theologie „die Einheit von Sehen (Symbol) und Verstehen (Begriff) zu verwirklichen – des Symbols: Sehen ohne Verstehen, und des Begriffs: Verstehen ohne Sehen“ (Borella).

4. Das alles führt zur intellektuellen Schau – dem Bereich der MYSTISCHEN THEOLOGIE.

AC. Was ist also der Unterschied zwischen negativer Theologie und mystischer Theologie?

BB. Ganz einfach: der Unterschied zwischen dem Weg und dem Ziel des Weges. In der mystischen Theologie hat „der Verstand die Augen geschlossen“, sagt Dionysius Areopagita – vor dem, was ohnehin „über den Augen liegt“ (Malebranche, 1638–1715).

AC. Glauben heißt also, nichts mehr wissen?

Was ist denn Glauben?

BB. Was das rationale oder begriffliche Wissen betrifft – ja, durchaus. Aber wenn wir vom Erkennen sprechen, dann nicht ganz. Das Zulassen der intellektuellen Intuition führt zu jener bereits erwähnten Form von Teilhaberwissen. Man könnte auch von Kontemplation oder von Gnosis sprechen.

AC. Gnosis?

BB. Es gibt im Griechischen viele Begriffe für Wissen: *epistēmē, dianoēsis, gnōmē, logos, mathēsis, noēsis, phronēsis* usw. Aber *gnōsis* – die Gnosis – hat eine ganz besondere Bedeutung angenommen. Seit Platon bezeichnet sie die reine Erkenntnis. Im Alten Testament ist sie die absolute Erkenntnis, also die Erkenntnis Gottes, und sie beschreibt nicht nur einen Akt, sondern sogar einen Zustand (Rudolf Bultmann, 1884–1976).

Im Neuen Testament begegnet uns der Begriff vor allem bei Paulus. Das liegt daran, dass das Christentum – durch die Inkarnation des göttlichen Wortes, des Logos – eine gnostische Religion par excellence ist, ja sogar die Gnosis in ihrer vollkommenen Reinheit (Borella).

In Bezug auf diese Gnosis und den Glauben, von dem wir sprechen, müssen jedoch zwei Dinge klargestellt werden:

1. Als Zustand kann die Gnosis nur von Gott verliehen werden – und zwar dem, was Borella den „pneumatisierten Intellekt" nennt.

AC. Können Sie erläutern, was mit „pneumatisiertem Intellekt" gemeint ist?

BB. Man könnte auch sagen: „spiritualisierter Intellekt". „Pneuma" ist der griechische Begriff für „Atem" – und damit für den Geist. Im Alten Testament wurde es verwendet, um das hebräische *ruaḥ* (der Geist) zu übersetzen. Auch hier geht es um jenes Licht, das den Intellekt erleuchtet – ohne das er eine leere geistige Potenz bliebe.

2. Auf Seiten des Glaubenden bedeutet Glauben: auf Wissen zu verzichten – oder seine „ontologische Unwissenheit" anzuerkennen (Borella). Man spricht dann von *Epignosis* oder Überwissen (Paulus), von „Gnosis durch Unwissenheit" (Borella) oder auch von der „gelehrten Unwissenheit" (*docta ignorantia*) bei Nikolaus von Kues (1401–1464).

AC. Dies sind Oxymora!

BB. Ja, das ist genau der Weg, der vorgeschlagen wird, um über die bloße philosophische Einsicht hinauszugehen, dass wir wissen, dass wir nichts wissen. Das metaphysische oder spirituelle Bewusstwerden, das jedem Menschen zugänglich ist, besteht genau in diesem Verzicht im vollen Bewusstsein der Sache. Man findet diesen Gedanken übrigens schon bei Montaigne, Descartes, Pascal…

Aber: Dieser Verzicht genügt noch nicht – denn es bleibt noch jemand, der verzichtet.

AC. Wie weit sollten wir also gehen?

BB. Bis zum Äußersten! Und dieses Ende ist das einzige Prinzip, das Absolute, vor dem das Individuum – um es mit Guénon zu sagen – strikt gleich Null ist. Ebenso unvermittelt lesen wir im Alten Testament: „Es gibt nichts außer Ihm“ (Jesaja), bei Śaṅkara: „Nichts existiert außer dem Selbst“, und bei Ibn ʿArabī: „Außer dem Prinzip existiert absolut nichts.“

Aus dieser Perspektive kann man sagen: „Nichts werden heißt: Gott werden“ (Angelus Silesius).[25]

AC. Ich verstehe: Wenn man das Sein im starken Sinne versteht, dann gibt es nichts anderes als Gott – oder das Absolute, das Unendliche, das Prinzip usw. Aber es gibt doch all diese „Ausbrüche aus dem Nichts", die Seienden, die wir sind – oder etwa nicht?

BB. Ja – im Glauben, von dem wir hier sprechen, gibt es jemanden, der glaubt – aber nur am Anfang. Denn das Ende des Glaubens bedeutet: sich selbst zu vernichten – und zu vergessen, dass man es getan hat; es bedeutet, das Bewusstsein zu verlieren. Am Ende bleibt nur noch der reine Glaube. In der christlichen Sprache würde man von

[25] Siehe *Introduction à une métaphysique des mystères chrétiens (Einführung in eine Metaphysik der christlichen Mysterien)*, Kap. 5.

einem Opfer sprechen – wie dem des göttlichen *Logos*, der gestorben und auferstanden ist.

AC. Wie kann man noch weiter gehen?

BB. Ich denke, das ist das äußerste Ende des Glaubens. Vielleicht könnten wir im Anhang einige eindrucksvolle Texte von Dionysius Areopagita, Meister Eckhart, Thomas von Aquin usw. beifügen.

AC. Gute Idee![26]

---

[26] Siehe Anhang 3.

Kapitel VIII

Metaphysik des Geschlechts

Während die Metaphysik sich in erster Linie mit dem Absoluten befasst, mag es überraschen, dass sie sich mit einem scheinbar prosaischen Thema wie Sex befasst. Ich möchte die Gelegenheit eines Interviews nutzen, um zu klären, was eine Metaphysik des Sexes ist.

AC. Wie sind Sie auf das Thema einer Metaphysik des Geschlechts gekommen? Geht es um Sexualität oder um den Geschlechtsakt? Und was ist mit Genderfragen?

Hintergrund einer Metaphysik des Geschlechts

BB. Das sind viele Fragen auf einmal. Beginnen wir mit dem Kontext; er ist dreifach. Da ist zunächst das berühmte Buch von Julius Evola, das 1958 das Thema bereits im Titel aufgreift. Wie er jedoch in der Einleitung erklärt, verzichtet er auf die Metaphysik als solche zugunsten einer Untersuchung der transphysiologischen und transpsychologischen Aspekte von Sex. Der Titel seines Buches ist daher etwas verwirrend.

AC. Es ist auch eine Tatsache, dass seit diesem Buch viel Zeit vergangen ist, insbesondere mit den Gender-Studien, den Veränderungen im Status von Homosexuellen, den wissenschaftlichen Entdeckungen im Bereich Sexualität und Geschlechtlichkeit, den akademischen Arbeiten über sexuelle Esoterik und bis hin zu einer gewissen Entwicklung der Positionen der katholischen Kirche: Ich denke an die *Theologie des Körpers* von Benedikt XVI. oder einige Positionen von Papst Franziskus...

BB. Das ist richtig. Dann ist da noch die Tatsache, dass dieses Thema, soweit ich weiß, nicht behandelt wurde, außer in bruchstückhafter Weise hier und da. Es wurden bereits all die zölibatären Philosophen erwähnt, die über die Liebe sprechen konnten, wie Platon, oder in Ausnahmefällen über Sex, aber um daraus einen vertraglichen Austausch des Besitzes des Körpers des anderen im Rahmen einer Ehe zu machen, das ist Kant ; oder sie auf einen angeblichen Fortpflanzungstrieb zu reduzieren, das ist Schopenhauer. Schließlich gab es noch meine Fragen zum Thema Sex, insbesondere im Zusammenhang mit der Tatsache, dass es für einige Menschen nie zu sexuellen Handlungen kommt, während es sich für andere um eine häufige Aktivität handelt, die sogar auf schmutzige Art und Weise ausgelebt werden kann. Warum also eine systematische Sexualisierung und eine optionale Sexualität, die sogar unendlich variieren kann?

AC. Was bedeutet das?

BB. Ein indischer Professor für Rechtsmedizin (Anil Aggrawal, 1956-) listete 547 Paraphilien auf; dies ist der neue Name für das, was früher als sexuelle Perversionen bezeichnet wurde.

AC. Das ist beeindruckend! Sex hat viele Ressourcen! Aber gibt es außerhalb der Philosophie nicht schon viele Bücher über Sex, insbesondere in Verbindung mit Religionen?

BB. Es gibt den l'*Eros juif (jüdischen Eros)* (David Biale), *Kabbalah and Eros (Kabbalah und Eros)* (Moshe Idel), *Le Sacrement de l'amour (Das Sakrament* der *Liebe) (Paul Evdoki*mov), *Christianity and Eros (Christentum und Eros)* (Philip Owen Arnould Sherrard *), La mystique du couple (Die Mystik des Paar*es*)* (Alphonse & Rachel Goettmann), oder l'*Éros sauvé (Der gerettete Eros)* (Jean Bastaire). Alle diese Bücher sind bemerkenswert und ich habe so viel Material wie möglich daraus entnommen.

AC. Welche Methode haben Sie also bei dieser Untersuchung angewandt?

Geschlecht, Gender, Sexualität: Aktueller Stand

BB. Ich begann mit einer Bestandsaufnahme der Geschlechtsbestimmung, der Geschlechter, der Sexualität und des Umgangs damit in den Gesellschaften.

AC. Können Sie das zusammenfassen?

BB. In Bezug auf die Geschlechtszugehörigkeit gibt es eine Vielzahl verschiedener Geschlechter, so dass es nicht mehr möglich ist, den Menschen in zwei *getrennte Kategorien*, männlich und weiblich, zu *unterteilen*.

Was die Geschlechter betrifft, so scheint es, dass ihre Vermehrung in den modernen Gesellschaften das Fehlen eines dritten Geschlechts, das allen traditionellen Gesellschaften gemein ist, ausgleichen soll. Mit den geforderten modernen Geschlechtern scheint es, anstatt dass es darum geht, den Sexismus zwischen Mann und Frau zu beseitigen, darum zu gehen, dass die Gesellschaft alle möglichen Fälle anerkennt. Darüber hinaus vermischen diese Fälle die Arten der Geschlechtlichkeit (intersexuell, trans), die Geschlechter (*queer*, *two-spirit*), die Arten der Sexualität (lesbisch, sadomasochistisch)...

Eine Frage zu Grenzfällen: Ist ein Mann, der im Inneren eine Frau ist und eine sexuelle Beziehung zu einer Frau hat, eine homo- oder heterosexuelle Beziehung?

AC. Das ist eine gute Frage! Was ist mit der Liebe?

Was ist mit der Liebe?

BB. Dies ist der zweite Teil der Studie: der gegenseitige Ausschluss von Liebe und Sex oder ihre harmonische Kombination. Meine Schlussfolgerung ist, dass ihr seltener gegenseitiger Ausschluss pathologisch ist (Otto Weininger, 1880-1903); ansonsten sind Sex und Liebe sowohl trennbar als auch zusammenführbar.

AC. Und gibt es keine bessere oder ideale Situation?

BB. Natürlich gibt es auf der einen Seite einen hohen Prozentsatz an Männern, die bereit sind, mit einem Roboter zu schlafen, aber soziologische Studien bestätigen, dass die bevorzugte und am meisten bevorzugte Situation ist, wenn der Sexualakt innerhalb einer Liebesbeziehung stattfindet. Sehr spezifisch sehen wir, dass die Liebesbeziehung über die sexuelle Beziehung hinausgeht. Sexuelle Techniken scheinen daher nicht notwendig zu sein.

AC. Was sind diese Sexualtechniken?

Sexuelle Techniken

BB. Ich habe drei gefunden, die typisch für die Kulturräume sind, in denen sie entstanden sind.

- Es gibt Tantra in Indien, das sakralisierte und ritualisierte sexuelle Handlungen beinhalten kann; Sex ist dann ein Mittel zur Begegnung mit dem Göttlichen, die Hochzeit von Śiva und Śakti.
- Das Tao oder sexuelle Kungfu in China schien mir im Wesentlichen eine medizinische Angelegenheit zu sein, im Sinne der Erhaltung der Gesundheit und eines langen Lebens.
- Karezza, im Westen, ist ein psychologischer Komfort, insbesondere durch das Angebot einer natürlichen (unzuverlässigen) Verhütungsmethode, die den Partnern nicht das sexuelle Vergnügen nimmt.

AC. Mystik, gute Gesundheit und psychologischer Komfort fassen die kulturellen Merkmale dieser drei Regionen gut zusammen.

BB. Es gibt jedoch einen technischen Aspekt, nämlich die Zurückhaltung der Ejakulation beim Mann. Dies ist ein interessanter Punkt, da er es ermöglicht, drei Funktionen der Sexualorgane zu unterscheiden: Urinieren, Vergnügen und Fortpflanzung. Von einem Kind wird verlangt, dass es die Blasenentleerung beherrscht, wenn es nicht einnässt, von einem erwachsenen Mann wird verlangt, dass er die Ejakulation beherrscht, wenn er nicht „Ejakularesis" hat (auf Enuresis aufgebaut). Wichtig ist, dass die Ejakulation kontrollierbar ist und sich vom Orgasmus beim Mann unterscheidet. Wenn es einen Artenpol mit der Fortpflanzung gibt, gibt es einen individuellen Pol mit der Lust, was durch die Neurobiologie hinreichend bestätigt wird.

AC. Und wo stehen wir metaphysisch an diesem Punkt?

Metaphysik des Geschlechts und der Geschlechter

BB. Dies ist der dritte Teil dieser Studie, der nun beginnen kann. Bisher haben wir nur zwei der drei Aspekte der traditionellen Dreiteilung des Menschen in Körper, Seele und Geist oder, in modernerer Sprache, Körper, Psyche und Geist kennengelernt. Was dieser Abschnitt nun zeigen wird, ist, dass sexuelle Liebe die einzige menschliche Handlung ist, die den gesamten Menschen aktiv einbezieht, seine körperliche, psychische und spirituelle Dimension.

AC. Können Sie das illustrieren?

BB. Natürlich präsentiere ich zum Teil, was eine Metaphysik des Sexes offensichtlich nicht ist: Sexualmagie, sexuelle Esoterik (Böhme, Swedenborg) und, sehr prosaisch, sexuelle Metaphern im Vergleich zu den Symbolen, die man entwickeln kann (Achse der Welt, Höhle). Ergänzend dazu werden in der Spiritualität der sexuellen Liebesvereinigung die Tugenden und die Mystik einer solchen Vereinigung dargestellt.

AC. Wie steht es mit dem Ursprung der beiden Geschlechter?

BB. Die beiden typischen Geschlechter haben ihren Ursprung notwendigerweise im Prinzip. Ibn ʿArabī (13. Jh.) macht die sexuelle Vereinigung zum allgemeinen Modell der Kausalität (Kosmogonie, Anthropologie), wobei ich von einer ausgezeichneten Studie von Mensia Arfa Mokdad profitiert habe, die ich ausgiebig genutzt habe. Jean Borella zeigt in seinen Meditationen über die Genesis (2008), wie die Verdopplung (qualitativ weiblich-männlich, nicht nur quantitativ eins plus eins) die Existenz von Adam und Eva aktualisiert (sie existieren nur durcheinander). Die natürliche Funktion des Menschen ist es, das Abbild Gottes in der Schöpfung zu sein, und diese ikonische Funktion erfordert daher die Dualität der Geschlechter. Es ist die konstitutive Beziehung zwischen Mann und Frau („es gibt kein Männliches außer dem Weiblichen und umgekehrt"), die das Abbild Gottes in der Ordnung der Schöpfung ist; Abbild, d.h. Beziehung zu seinem Vorbild. Daher ist die eheliche Beziehung das Abbild der Beziehung des Menschen zu seinem Schöpfer; „dies ist die metaphysische Grundlage der Dualität der Geschlechter"! (Borella)

AC. Aber „warum dies und nicht jenes?" würde Leibniz fragen, da Frauen und Männer über die theomorphe Funktion (als Abbild Gottes) verfügen.

BB. Sie üben ihn nicht auf die gleiche Weise aus. In jedem Bild gibt es „einen ‚wesentlichen' oder ‚formalen' Aspekt (im Sinne von Aristoteles) und einen ‚existenziellen' oder ‚materiellen' (rezeptiven) Aspekt'. Es handelt sich nicht um eine *Zweiteilung*, sondern um eine funktionale *Polarisierung*, „jedes Geschlecht trägt in sich die Gesamtheit des göttlichen Bildes [...] jedes Geschlecht ist in seiner vertikalen Beziehung, die die menschliche Natur mit ihrem Schöpfer verbindet, weder männlich noch weiblich" (Borella).

AC. Daher die Ankündigung für danach: „In der Auferstehung wird man weder Frau noch Mann nehmen" (Mt 22,30)?

BB. Ja, in der irdischen Ordnung entdecken die „Entitäten", dass sie aufgrund von Beziehungen aller Art existieren, in der himmlischen Ordnung ist der Primat die Beziehung; das Sein ist zuerst eine Beziehung.

AC. Wir warten also darauf, es lesen zu können. Meines Wissens gibt es kein Buch, das einen Überblick über Geschlecht, Sexualität und Geschlechter im Lichte der Religionen, Philosophien und Techniken mit einer metaphysischen Interpretation der Geschlechter und des Sexualaktes bietet.

Kapitel IX

Metaphysik und Materie

Wenn Gott sozusagen am einen Ende der Metaphysik steht, sehen wir dann nicht am anderen Ende die Materie? Wie betrachtet die Metaphysik dann die Materie? Diese Frage wollte ich in diesem Interview klären.

AC. Die Metaphysik hat uns mit Meister Eckhart bis zu einem Punkt jenseits von Gott geführt; haben wir am anderen Ende die Materie? Was ist Materie in der Metaphysik?

BB. Ich denke, es ist interessant, die unterschiedlichen Verständnisse der verschiedenen Ansätze zu betrachten.

Thema – Wissenschaftliches Verständnis

In aller Kürze: Die bekannte Materie besteht zu 99,99% aus Vakuum und macht nach dem aktuellen Standardmodell der Teilchenphysik nur 5% des Universums aus. Darüber hinaus beinhaltet das Modell keine Schwerkraft auf Quantenebene und die Hypothese der dunklen Materie müsste bestätigt werden, um das Urknallmodell zu verifizieren.

AC. Es ist beeindruckend, dass die Quantenphysik eines Tages sowohl die Welt der Teilchen als auch die Welt des Universums erklären kann, indem sie das derzeitige kosmologische Modell des Urknalls bestätigt.

BB. Wie immer hat die Quantenmechanik konkrete Techniken wie Laser und Leuchtdioden ermöglicht, aber wir sind noch weit von einer vollständigen Beschreibung des Universums entfernt. Wenn es, wie Wolfgang Smith zeigt, eine

„vertikale Kausalität“ gibt, kann die derzeitige Physik nicht erfolgreich sein.

AC. Können Sie seine Ansätze zusammenfassen?

BB. Um es kurz zu machen, ich verstehe, dass er die aristotelischen Konzepte der Potenz und des Aktes sowie der substantiellen Form auf das Prinzip der Quantenüberlagerung anwendet: das Körperobjekt und sein „zugehöriges physikalisches“; er zeigt damit, dass es unmöglich ist, das Körperobjekt quantitativ zu reduzieren, da seine Qualitäten im Quantenmodell fehlen.

In der Kosmologie zeigt er, dass sowohl das Heliozentrismus als auch das Geozentrismus gemäß der Relativitätstheorie selbst einen wissenschaftlichen Wert haben, insbesondere weil die Beobachtungen von der Erde aus *de facto* geozentrisch sind.

Und letzte Woche schlug er eine Demonstration einer „Ontologisierung“ des Prinzips von Rolf Landauer (1927-1999) vor, aber es ist hier nicht der Ort, um dies zu erläutern.

AC. Ich verstehe, aber ist es wahrscheinlich, dass dies die Physik neu ausrichtet?

BB. Für die nächste Zeit bin ich mir da nicht so sicher. Dafür gibt es drei Gründe: Erstens scheinen Qualitäten für immer von einer Wissenschaft ausgeschlossen zu sein, die durch mathematische Abstraktion definiert ist und ausschließlich durch Quantifizierung arbeitet. Zweitens scheint die Berücksichtigung einer teleologischen Ursache nunmehr antiwissenschaftlich zu sein. Drittens sind die *Modelle* der Physik notwendigerweise langlebig und es bedarf vieler widersprüchlicher Beobachtungen, um sie zu ändern.

AC. Haben Sie ein Beispiel?

BB. Es gibt die Hypothese eines überall homogenen und isotropen Universums, die für die Lösung der Gleichungen der allgemeinen Relativitätstheorie nützlich ist. Sie schien durch die nahezu perfekte Isotropie der „kosmischen Mikrowellenhintergrundstrahlung“ (oder „kosmische Hintergrundstrahlung“ oder „fossile Strahlung“) bestätigt zu werden und wurde durch das Modell der „kosmischen Inflation“ (die den Übergang von einem chaotischen Anfangszustand zu einem homogenen und isotropen Zustand ermöglicht) gestützt. Allerdings stellt die kürzlich (2013) entdeckte riesige Quasar-Ansammlung (Huge-LQG: Huge Large Quasar Group) den vom kosmologischen Modell definierten Grad der Homogenität in Frage.[27]

AC. Aber das wird sich auch nicht ändern…

BB. Das glaube ich nicht. Schauen wir uns stattdessen an, wie das Thema philosophisch verstanden wird.

Materia – philosophisches Verständnis

Materie ist, philosophisch gesehen, die Substanz der Welt, bevor sie eine bestimmte Form erhält. Nach Platon ist sie reine Empfänglichkeit, Unbestimmtheit und Passivität.

Aristoteles wird diese Passivität mit den Begriffen der Potenz und des Aktes präzisieren: Die Materie ist ein Wesen in Potenz, die Form ein Wesen im Akt. Das eine Extrem ist Gott als reiner Akt (*Purus Actus*), das andere ist die *Materia prima*, eine reine, undifferenzierte Potentialität. Dazwischen sind alle Wesen eine Kombination aus Aktualität und Potentialität, je nach den verschiedenen Bestimmungen, die entweder aktualisiert oder in Potenz sind.

AC. Oder man sagt, dass die Wesen Sein und Nichtsein kombinieren, wie bei Platon, wie wir gesehen haben.[28]

BB. Ja, bei Thomas von Aquin ist es interessant zu sehen, dass die erste Materie (*materia prima*) das erste Prinzip der Individuation der körperlichen Substanzen ist, gefolgt von der natürlichen körperlichen *Quantität* (*materia signata*

---

[27] Siehe *Métaphysique du paradoxe (Metaphysik des Paradoxons)*, Kap. III.

[28] Siehe S. 21-22.

quantitate), die ihr die Dreidimensionalität verleiht, die für jede substanzielle Form jeder Körperlichkeit erforderlich ist.

AC. Ich verstehe nicht alles!

BB. Ich auch nicht (lacht). Es gibt Zehntausende von Seiten zu lesen – und zu verstehen! – über das einfache Thema der Individuation. Halten wir fest, dass in der Philosophie zwischen *Materia*, dem Träger, und der Form unterschieden wird.

Es gibt auch eine interessante kosmische Substanz, die in verschiedenen Traditionen betrachtet werden kann.

Kosmische Substanz – ein traditionelles Verständnis

In den indischen Sprachen steht diese kosmische Substanz Sarasvatī, Lakṣmī und Pārvatī nahe, den Parodien von Brahmā, Viṣṇu und Śiva.

Im Judentum gibt es die *Sefirah* Malkhût, die zehnte Sefirot, die als „Tochter" oder „Untere Mutter" (im Vergleich zu Binah, der Oberen Mutter) bezeichnet wird, da sie die passive und direkte Ursache für die kosmische „Konstruktion" ist. Malkhût umfasst die immanente Tri-Einheit Shekhina-Metatron-Avir, in der Metatron der kosmische Akt und das Maß ist, durch das Shekhina die Formen aller geschaffenen Dinge bestimmt, und Avir, das substantielle Prinzip, der universelle und undifferenzierte Äther, der den schwer fassbaren „Umfang" der Welt darstellt. Metatron ist der aktive und ordnende Aspekt der göttlichen Immanenz, Avir ist seine Hülle, die substantielle Ursache der Schöpfung (Leo Shaya).

Im Islam wird al-Hayûlâ (kosmische Substanz) klar von al-Habâ (Hauptsubstanz oder *Materia prima*) unterschieden, die al-'Aql al-awwal (der erste Intellekt) gegenübergestellt werden kann.

AC. Und im Christentum?

Schöpfung ex nihilo – christliches Verständnis

BB. Im Christentum gibt es die Lehre von der *creatio ex nihilo* und die metaphysische Vorstellung einer „kosmischen Nächstenliebe“ (Borella).

Die genaue Formel lautet *productio rei ex nihilo sui et subjecti.* Jede Produktion ist *ex nihilo sui,* d.h. die produzierte Form existierte nicht vorher, aber auch *ex nihilo subjecti,* was bedeutet, dass es keine vorher existierende Materie gab, aus der und in der die Form von Gott produziert wurde. Schöpfung *ex nihilo* bedeutet daher *im Umkehrschluss,* dass Gott eine einzige Ursache ist, sowohl formal als auch substantiell (Chenique).

Um weiter zu gehen, müssen wir diese vollständige Formel betrachten: *Creatio ex nihilo a Deo per Verbum in Spiritu Sancto.*[29]

- „*ex nihilo*“, wie wir gerade gesehen haben;
- „a deo“. Sie ist weder *ex deo* (Emanation, daher Pantheismus durch das Fehlen einer radikalen Transzendenz) noch *in deo* (in Gott, daher nicht manifestiert);
- „*per Verbum*“ bedeutet, dass der Vater *durch* das Wort erschafft (es enthält die beispielhaften Ursachen aller Dinge): „*Durch* ihn ist alles geschaffen“ (Koh I, 16; Joh I, 3);
- „*in Spiritu Sancto*“. Wenn der Vater die Welt durch den Sohn erschafft, wo er sie dann erschafft? *Im* Heiligen Geist: „*in Spiritu Sancto*“!

> Gott wirft seine göttliche Liebe vor sich und schafft die Exteriorität, in die er die Geschöpfe projiziert. Sie ist nichts anderes als die Art und Weise, in der Gott von seinem eigenen Jenseits zu sich selbst kommt (Borella).

AC. Kann man also im Christentum sagen, dass wir im Heiligen Geist baden?

---

[29] Siehe *Introduction à une métaphysique des mystères chrétiens (Einführung in eine Metaphysik der christlichen Mysterien),* Kap. 14.

BB. Ich selbst sehe das so. Es geht hier jedoch um die Immanenz Gottes, den Raum als *Sensorium Dei* (Newton): der Ort, an dem Gott alles durch seine unmittelbare Gegenwart wahrnimmt. Die *Materia prima* ist bereits das *geschaffene* Substrat der Manifestation.

AC. Welche Schlussfolgerung ziehen Sie aus diesem Überblick über die verschiedenen Verständnisse des Themas.

Metaphysische Schlussfolgerungen

BB. Ich finde die wissenschaftlichen Bemühungen bewundernswert, insbesondere bei der Suche nach einer Theorie des Ganzen, aber ich denke, dass der Kern der Dinge, wenn man die Sterne oder die Teilchen betrachtet, für immer wissenschaftlich unerkennbar bleibt.

DIE KOSMOLOGIE. Mit „einem Universum, das beginnt, mehr einem großen Gedanken als einer großen Maschine zu ähneln" (James Jeans, 1877-1946), finden wir Platons Lehre wieder: Jede Kosmologie kann nur „ein wahrscheinlicher Mythos" sein. Darüber hinaus ist die Suche nach Grenzen unmöglich, da metaphysisch gesehen weder der Anfang noch das Ende des Raumes und auch nicht der Anfang oder das Ende der Zeit per Definition dazugehören. Dies ist die Plancksche Mauer, an der das Modell von Raum und Zeit scheitert

MATERIE. „Die metaphysische reale Welt ist also nicht der Ausgangspunkt der wissenschaftlichen Forschung, sondern ihr unerreichbares Ziel" (Max Planck, 1858-1947) und schlugen eine metaphysische Lösung vor:

> es gibt keine Materie an sich. […] Wir müssen […] einen bewussten und intelligenten Geist annehmen. Dieser Geist ist das Prinzip aller Materie (Max Planck).

In der Quantenphysik ist ein Hund eine Wellenfunktion, und diese ist untrennbar mit der Wellenfunktion des restlichen Universums verbunden, weil

„Das Quantenkonzept impliziert eine Globalität, nach der es nur eine Wellenfunktion gibt, nämlich die Funktion, das Universum zu . [...] Die Physik braucht nicht anzunehmen, dass diese Realität existiert oder nicht existiert (Marc Lachièze-Rey, 1950-).

AC. Es ist also nicht mehr das Reale, das von der Wissenschaft gesucht wird?

BB. Das scheint in der Tat der Fall zu sein. Wir hatten die uralte Ontologie der Substanz, dann die noch materielle Ontologie der Materie-Energie (Einstein); nun entsteht eine „Ontologie der Substratlosigkeit" mit der Feldtheorie, der Quantenmechanik, der Informationstheorie und der Theorie der dynamischen Systeme, die

sind Komplizen, wenn es darum geht, dematerialisierte Konzepte wie Prozesse oder Informationen in den Vordergrund unserer Weltanschauung zu stellen. [...] Es ist eine Welt des Signals, die sich etabliert. Eine Welt der Gegenstandslosigkeit, in der nur die Zeichen wichtig sind (Simon Diner).

AC. Hier kommt die Metaphysik wieder zum Tragen.

BB. Ich glaube, dass sie diese Rechte nie verloren hat, obwohl sie als unmöglich (Kant), sinnlos (Carnap), dekonstruierbar (Derrida) oder als Ontotheologie (Heidegger) bezeichnet wurde.

So empfahl ein neuerer Physiker, in der Physik eine Metaphysik platonischer („Symbol der Höhle") oder aristotelischer Art (Macht und Akt) in Betracht zu ziehen. Er sagte sogar

Angesichts der zeitgenössischen Physik sage ich, dass wir, wenn wir unbedingt eine Erklärung brauchen, diese in etwas suchen müssen, das höher ist als wir selbst und das uns daher geheimnisvoll ist. Das ist das Reale, das Sein, das Göttliche. Von dort aus können wir hoffen, den Sinn zu erkennen (Bernard d'Espagnat , 1921-2015).

Der Physiker Bernard d'Espagnat (1921-2015) schlägt eine Suche vor, die der Relativität der Zeit vorausgeht, wie „Ewigkeit“ und „kontinuierliche Schöpfung“ (Begriffe, die natürlich an die Physik anzupassen sind). Er schlägt auch vor, seine „erweiterte Kausalität“ mit der aristotelischen Endursache zu vergleichen („da das Reale in Bezug auf die Zeit zuerst kommt, kann die Kausalität, die es ausübt, nicht einer strikten Bedingung der Vorgängigkeit unterworfen werden“); Er ist der Ansicht, dass sein Konzept des „verschleierten Realen“ die Potenz und den Akt von Aristoteles näher bringt und, im Anschluss an Heisenberg (1901-1976), der durch die jüngste Dekohärenztheorie bestätigt wird, die *Materia Prima* näher an die „Wellenfunktion des Universums“ heranführt. Er schlägt auch, zu Recht vor meinen wir, sein „verschleiertes Reales“ mit Platons Höhlenmythos zu vergleichen, mit einer Parallele zwischen dem platonischen Guten und dem „Realen“; das ist, weit entfernt von jeglichem Idealismus, Platons „Realismus der Essenzen“. Und das ist es, was auch der Physiker Bryce DeWitt (1923-2004) andeutete:

> Die Quantenmechanik wörtlich zu nehmen bedeutet, diese Theorie als die wahre Realität zu betrachten, d.h. als Teil des platonischen Bereichs der idealen Essenzen.

Kapitel X

Metaphysik und Esoterik

Diese kurze Definition der Esoterik, die kurz erwähnt wurde, mit der Esoterik als „enthüllender" Schleier und der Metaphysik als Enthüllung durch die „Transparenz der Intelligenz"[30]*, verdiente es, weiter ausgeführt zu werden. Daher das Thema dieses Interviews.*

AC. In einem früheren Interview haben Sie kurz die Unterscheidung zwischen Esoterik und Metaphysik erwähnt. Könnten wir darauf zurückkommen?

BB. Natürlich. Wir können damit beginnen, einen Überblick über das zu geben, was einige Akademiker als „Esoterik" bezeichnet haben.

Esoterik, eine kurze Bestandsaufnahme

Esoterik gab es sicherlich auch in der Frühgeschichte, wie die Überreste von Megalithen belegen, aber allein in den letzten 2.500 Jahren gab es mehrere Hundert davon. Hier einige Beispiele: der Orphismus und Pythagorismus der vorchristlichen Antike, die *Hermetica* (die alexandrinische *Hermetik* mit dem legendären Hermes Trismegistos), der Neopythagorismus, die „Gnosis" (Clemens von Alexandria, 160-215; Origenes, 185-254) und die Gnostizismen, die manichäische Strömung (3. Jh.), die sich im bulgarischen Bogomilismus (10.) und später im Katharismus (12. Jh·) wiederfinden wird, der Neuplatonismus, dem die dionysische Tradition folgt, der *Sepher* Yetsirah des 5. oder

[30] Kap. Metaphysik und Religion, S. 47.

6. Jh., der die mittelalterliche *Kabbala* vorwegnimmt, die visionäre und spirituelle Alchemie (4. bis 7. Jh.), die drei großen Werke des 9. Jahrhunderts: *Das Buch der Schöpfungsgeheimnisse* (v. 825) mit einer ersten Version der Smaragdtafel, das *Periphiseon* (v. 865) von Johannes Scotus und die *arabischen Briefe* (9.-10. Jh) der Aufrichtigen Brüder…

AC. Schon gut, schon gut!

BB. Wir können uns auf dieses 10. Jahrhundert beschränken, aber Sie sollten wissen, dass es bis heute noch mehr Esoterik gegeben hat. Erwähnen wir zumindest Hl. Bonaventura[31], den wir bereits erwähnt haben, mit seiner „Koinzidenz der Gegensätze", die Nikolaus von Kues (1401-1464) ankündigt, der mit der Idee der fundamentalen Einheit der Religionen (*De pace fidei*, 1453) den Hermetismus der Renaissance ankündigt und, nebenbei bemerkt, den Perennialismus des 20. Jahrhunderts, der ebenfalls erwähnt wurde[32]. Letzterer wird durch seine Kritik an der modernen Welt und seine Doktrinen der Konvergenz der Religionen das zeitgenössische *New Age* begünstigt haben.

AC. Bei Esoterik dachte ich eher an Initiationsorganisationen oder sogar Schulen, die von einem spirituellen Meister geleitet werden…

BB. Es gibt natürlich Ausnahmen, wie beispielsweise die Freimaurerei, die im 16. Jahrhundert in Schottland entstand, aber das ist bei weitem nicht die Regel, wie wir an den genannten Beispielen gesehen haben.

AC. Ich sehe auch, dass Kirchenväter (Clemens von Alexandria, Origenes) oder Kirchenlehrer (Bonaventura) in die Liste aufgenommen wurden.

BB. Dies ist eine echte Frage – auch für die Akademiker, die diese Bestandsaufnahme durchgeführt haben (z.B. A. Faivre). Ketzereien als „Esoterik" zu bezeichnen ist eine

---

[31] *Siehe* S. 62.

[32] *Siehe* S. 67-68.

offensichtliche Sache, aber eine „anerkannte" Theologie, so esoterisch sie auch sein mag, kann meiner Meinung nach keine Esoterik sein.

Esoterisch oder Esoterik?

AC. Gibt es einen Unterschied zwischen Esoterisch und Esoterik ?

BB. In der Tat sehe ich hier einen sehr großen Unterschied. „Esoterisch" ist ein Wort, das mindestens seit der Antike existiert und etymologisch eine *Bewegung* „mehr nach innen als" bedeutet, d.h. ein Wissen, das sich immer mehr vertieft. Im Gegensatz dazu ist „Esoterik" ein neueres Wort (19. Jh), das sich auf etwas Festgelegtes bezieht: ein System, eine Organisation...

AC. Beim Übergang vom Adjektiv zum Substantiv ist der Begriff der Bewegung verloren gegangen!

BB. Dieses Substantiv führte zu seiner Ergänzung „Exoterik" und zu deren Anwendung auf Religionen nach einem etwas groben Schema in Form von Gruppen: Sufismus als Esoterik des Islam, Taoismus gegenüber Konfuzianismus, Kabbala für das Judentum, Mahayana-Buddhismus gegenüber Theravada-Buddhismus.

AC. Und im Christentum?

BB. Genau, dass es keine Organisation gibt und dass die arkane Disziplin des Christentums der ersten Jahrhunderte Esoterik war, ist nicht richtig.

AC. Warum?

BB. Dies bedeutete, dass die Sakramente (Taufe, Firmung, Eucharistie) nicht öffentlich gespendet wurden, insbesondere wegen der Verfolgungen. Es sollte eher gesagt werden, dass das Christentum zumindest seit dieser Zeit entweder eine vollständige Esoterik ist, in dem Sinne, dass die *tiefsten* Geheimnisse allen angeboten werden, oder eine vollständige Exoterik, in dem Sinne, dass *alle* Mystrien allen angeboten werden. Anders ausgedrückt, macht diese Unterscheidung zwischen Esoterik und Exoterik wenig Sinn, um eine nicht existierende Teilung innerhalb der Kirche zu charakterisieren.

AC. Aber was ist dann mit dem Buch *Introduction à l'ésotérisme chrétien (Einführung in die christliche Esoterik)*, das Sie früher[33] erwähnt haben?

BB. In der Tat ist dies die Bedeutung des Adjektivs: es geht darum, die esoterische Dimension der christlichen Dogmatik bekannt zu machen; formal gesehen ist es sogar eher eine *Metaphysik der christlichen Mysterien*. Und natürlich nicht durch metaphysische Konzepte, die auf sie angewendet werden, sondern direkt durch eine metaphysische Erklärung dessen, was sie enthalten und worauf sie sich beziehen, für denjenigen, der sich die Mühe machen will, tiefer zu gehen.

Esoterik und Metaphysik

AC. Hier taucht also die Metaphysik auf, in einem Sinne, der dem Begriff „esoterisch" ähnlich zu sein scheint, oder?

BB. In diesem Fall ergänzen sie sich: „esoterisch" lädt zur Vertiefung ein, „metaphysisch" enthüllt die letzte mögliche Interpretation.

AC. Das ist das Schlüsselwort: „Interpretation", hinter dem Esoterik und Metaphysik eingeordnet werden können, nicht wahr?

BB. Die Interpretationen sind mehr oder weniger exoterisch („außen") oder esoterisch („innen"), je nach den verwendeten Symbolen oder Analogien, und die metaphysische Interpretation ist in der Sprache der Intelligenz (Intuition der Realität) verankert, die sie charakterisiert. Man könnte sagen, dass die Interpretationen in der Esoterik eher *rationale* Systeme oder Doktrinen sind, während die metaphysische

---

[33] *Siehe* S. 42, 77, 82.

Interpretation verschwindet, sobald sie die *Intelligenz* an die zu betrachtende Realität herangeführt hat.

AC. Dies ist die Erkenntnis durch Teilnahme, die die Metaphysik eröffnet, im Vergleich zu einer Erkenntnis durch Abstraktion, wie Sie sagten. Aber das Lesen von Symbolen ist allgemein, nicht wahr?

BB. Natürlich hängt alles davon ab, wie die Symbole gelesen werden. Es gibt auch mehr oder weniger radikale, mehr oder weniger direkt metaphysische Symbolik.

AC. Beispiele?

BB. Es gibt Symboliken von Blumen, Träumen, Tieren, Formen, Metallen, Zahlen usw., die Teil einer bestimmten Esoterik sein können, und andere, die speziell metaphysisch sind: das Symbol des Kreuzes, zum Beispiel. Es öffnet direkt zu einem metaphysischen Verständnis: die Vertikale, die die Ursache und die Ewigkeit verbindet, und die Horizontale der menschlichen Zeit und der Grenzen aller Art. Es erinnert daran, dass das Höhere nicht am Ende des Vorderen liegt.[34]

AC. Wie kann man Esoterik also definieren?

BB. Wie wir in den Beispielen gesehen haben, können weder die Begriffe Geheimnis (Arkanum), verborgen (Okkultismus), verschlossen (Hermetik), innen (Esoterik), Einweihung und Übertragung eine Definition liefern, da sich die Gegenbeispiele jedes Mal häufen. Es bleibt interessant, von Interpretationssystemen (in der Fachsprache Hermeneutik) zu sprechen. Die Interpretation ist jeder Wissenschaft und jedem Wissen gemein, aber daraus ergibt sich die Problematik einer Grenze zwischen Interpretation und *Überinterpretation* sowie die notwendige Unterscheidung zwischen Wissen durch Abstraktion und Wissen durch Teilnahme.

---

[34] Siehe *Initiation à la métaphysique, Les trois songes* (*Einführung in die Metaphysik, Die drei Träume)*, S. 51-52.

Bereits jetzt können wir Okkultismus von Esoterik ausschließen.

AC. Nach welchen Kriterien?

BB. Die ersten beschäftigen sich mit kosmologischen Kräften und Magie, die zweiten haben alle eine spirituelle Perspektive, *zumindest* eine „engelhafte", d.h. eine Art Zwischenwelt, zwischen Mensch und Gott.

AC. Esoterik ist daher eher auf Religionen bezogen, sei es auf orthodoxe oder heterodoxe Weise.

BB. Ich denke, das kann man so sagen. Als allgemeine Definition wurde „die Hermeneutik einer Symbolik und die Tradition dieser Hermeneutik" vorgeschlagen (J.-P. Laurant).

AC. Aber was ist dann der Wert von symbolischem Wissen?

BB. Metaphysisch gesehen muss man mit Platon zustimmen, dass die Welt „notwendigerweise das Bild [das Symbol] von etwas ist" (*Timaios*, 29b). Wenn man jedoch mit Aristoteles davon ausgehen müsste, dass die Welt vollständig da ist, dass man sie nur messen muss, um sie zu kennen, dann hat das Symbol keine mögliche Realität mehr.

AC. In der Tat!

BB. Esoterik geht *zumindest* von einem Jenseits der Natur (dem Übernatürlichen) oder des Physischen (dem Meta-Physikalischen) aus. Wenn diesen Jenseits keine Realität zugestanden wird, reduziert sich die Esoterik auf verschiedene Phantasien, die in einer Art Kuriositätenkabinett aufbewahrt werden können.

Wenn jedoch diesen jenseitigen Welten eine Realität zugesprochen wird, bleibt abzuwarten, wohin uns dieses esoterische Wissen führt.

AC. Ich verstehe, was Sie meinen. Ist es eine Ansammlung von „Zwischenwissen"? Dann ist die Esoterik ein Zweck an sich. Oder ist es ein vorläufiges Wissen über Zwischenrealitäten, das es dann ermöglicht, sich der „Realität“ in einem Modus der Erkenntnis durch Teilnahme zu nähern.

BB. Dies ist für mich ein diskriminierendes Kriterium. Die Frage ist, ob diese Esoterik esoterisch ist, d.h. *sich in Richtung* Wissen durch Teilnahme *bewegt*, oder nicht.

AC. Es ist also die Metaphysik, die der Richter in Sachen Esoterik ist. Ist dies nicht auch das Unterscheidungsinstrument, das vom „Kodifizierer der Esoterik“ (Guénon) verwendet wird?

Kapitel XI

Metaphysik und die Zeit nach dem Tod

Während wir verstehen, dass die einzige Evidenz für Gott seine Existenz ist – und damit der Ursprung des Seins und der Wesen –, ist die Frage, die sich stellt, die Frage nach dem Schicksal dieser Wesen, insbesondere nach ihrem Schicksal nach dem Tod. *Was ist die Zukunft des Seins und all der Wesen, die jeden Augenblick in der Welt sterben und verschwinden? Die Frage war, ob die Metaphysik etwas zu diesem Thema zu sagen hat.*

AC. Es ist verständlich, dass es ein Prinzip gibt, das dem Sein und den Wesen zugrunde liegt und dass diese „Quelle" transzendent ist und unendlich viele Vollkommenheiten enthält, deren Reflexionen wir um uns herum sehen (Leben, Persönlichkeit, Liebe, Schönheit, etc.). Wenn also ein „Was ist davor?" eine relativ offensichtliche Antwort erhält, was antwortet dann die Metaphysik auf „Was ist danach?"

BB. Die Metaphysik als solche, d.h. als Wissenschaft, hat, soweit ich weiß, keine Antwort auf diese Frage. Sie kann von der Resorption der Manifestation im Prinzip sprechen, und wenn man zustimmt, dass sie gegenüber dem Unendlichen „rigoros null" ist (Guénon), ist man dann nicht versucht zu folgern, dass das Ende der Reise diese Reise in ihrer Gesamtheit auslöscht?

AC. Das bedeutet, dass die Veranstaltung vor, während und nach ihrem Ende null und nichtig ist, was bedeuten würde, dass sie nie existiert hat!

Vom Ursprung des Seins.

BB. Dies könnte man in der Tat denken. Stattdessen ist man sich einig, dass das Gute (und das Schöne und Wahre) Teil des Prinzips ist, jenseits des Seins, des Wesens (*épékeïna tès ousias*), wie Platon (*Republik*, VI, 509b) erklärt, und dass es „selbstverbreitend" (*Bonum diffusivum sui*) ist, d.h. dass es das Gute ist, das den Dingen ihr Sein verleiht.

AC. Dies ist die Formel „Gott ist die Liebe" (1 Joh IV, 8) des Christentums. Wenn es sich um einen Mechanismus handeln würde, der das Sein verteilt, müsste man übrigens noch über den Planer und Erbauer der Maschine nachdenken.

Das Jenseits des Seins

BB. Wenn der Ursprung das Gute ist, ist auch das Ende das Gute, notwendigerweise.

AC. Daher die Paradiese der Religionen…

BB. Das ist richtig, aber wenn wir bei der Metaphysik bleiben, dann müssen wir die Metaphysik als Wissenschaft verlassen und eine Metaphysik als Weg wählen. Man *erfährt* das Sein als Geschenk und somit den Geber. Diese Erfahrung ist notwendigerweise „mystischer" Natur.

AC. Das bedeutet, dass wir über die Reihenfolge der Konzepte hinausgehen…

BB. Ja, anders ausgedrückt, das Gute Platons (oder die Gottheit Meister Eckharts oder das moderne „Über-Sein" Schuons) ist jenseits aller Dualität und es ist jenseits der Einheit und der Vielheit; es ist die „Finsternis heller als Licht" (Hl. Dionysius Areopagita).

AC. Dunkle „Finsternis", aber durch übermäßigen Glanz!

BB. Auf jeden Fall! Vor allem gibt es „dort" – wenn man so will – keine Gegensätze mehr, man ist jenseits von Gegensätzen. Das Prinzip der Nichtwidersprüchlichkeit, das für die

Welt der Konzepte wesentlich ist, gilt nicht mehr. Dies ist die absolute Widerspruchsfreiheit, die „Koinzidenz der Gegensätze“ (Hl. Bonaventura, 1217/21-1274, später Nikolaus von Kues, 1401-1464).

AC. Das heißt, es gibt keinen Gegensatz zwischen der Vielzahl der Wesen und dem einen Wesen.

BB. Genau das ist der Punkt. Es gibt keine massive Identifikation oder Resorption im Prinzip; Identität und Andersartigkeit sind notwendigerweise miteinander verbunden (Borella). Vor allem aber erhalten wir Zugang zu einer Metaphysik der Beziehung, wie bereits erwähnt[35]: Was im Vordergrund steht, ist nicht mehr das unlösbare Paradoxon des einen Wesens und der vielen Wesen, sondern die Beziehungen, die innerhalb des Wesens bestehen. Das Sein ist in erster Linie eine Beziehung - dies wurde bereits erwähnt.

AC. Können Sie das etwas näher ausführen?

BB. Im Christentum gibt es eine unvergleichliche Lehre, die diese Frage beleuchtet. Man könnte sie immer in die Metaphysik übertragen, aber was nützt das? Diese Lehre ist natürlich mit der Inkarnation verbunden, die nicht die Inkarnation Gottes an sich ist, sondern die Inkarnation des Sohnes Gottes, des *Logos* oder des göttlichen Wortes. Dies ist ein Schlüssel zur Lösung des scheinbaren Paradoxons der Wesen und des Seins am Anfang der Welt, im irdischen Leben und in der Perspektive des Lebens nach dem Tod.

AC. Ich bin ganz Ohr!

BB. Erinnern wir uns zunächst daran, dass diese vertikale Achse der Welt Christus (in der Inkarnation), das Wort (am Anfang der Welten) und der Sohn (in der Dreifaltigkeit, jenseits aller Welten) ist.

[35] Siehe S. 61, 93.

Der Ursprung der Welten liegt im Wort, dem Ort aller Möglichkeiten und intelligiblen Formen (Hl. Augustinus). Gott wirkt alles *durch* das Wort.

AC. Dies ist der Text: „Gott hat seinen Sohn *zum Erben aller Dinge* eingesetzt, *durch den* er die Welten geschaffen hat" (Hebr I, 2).

BB. Ja, oder: „*In* ihm ist alles geschaffen, was im Himmel und auf der Erde ist. Die sichtbaren und unsichtbaren Wesen [...] alles ist *durch* ihn und auf ihn hin geschaffen" (Kol I, 16); und es gibt noch viele andere Texte, die das Gleiche sagen. Es löst sogar auf seine Weise das Paradoxon Transzendenz -Immanenz durch die Unterscheidung zwischen *Wesen* und *Macht*:

> In der gesamten Schöpfung anwesend, bleibt das Wort dem Wesen nach außerhalb von allem, aber es ist mit seinen Kräften in allem, ordnet alle Dinge und entfaltet überall seine Vorsehung auf alle Dinge, belebt jedes Wesen und alle Wesen zugleich (Hl. Athanasius , *Über die Menschwerdung des Wortes*, § 17).

Das christologische Hologramm

Da das Wort alles in allem ist, ist es das göttliche Hologramm in der gesamten Schöpfung.[36]

AC. Was ist ein Hologramm? Das, das wir bei Jules Vernes (*Das Schloss der Karpaten*, 1892) finden und das später die Lasertechnik hervorbringen wird?

BB. Genau! Ein Hologramm ist zwar nur ein dreidimensionales Bild, aber mit der Besonderheit, dass die Gesamtheit (*Holos*) in jeden Teil eingeschrieben (*Graphein*) ist. Die Analogie wird offensichtlich: Er ist „die Fülle dessen, der alles in allem erfüllt" (Eph. I, 23), das Wort, der *Logos*.

AC. Und nach dem Tod?

---

[36] Siehe *Metaphysik des Paradoxons*, Bd. 2, Anhang 12, S. 212.

BB. Davor ist noch die irdische menschliche Existenz zu betrachten. Die Vertikale Sohn-Verb-Christus ist Beziehung par excellence: Als Sohn ist er die (subsistierende) Beziehung von Gott zu Gott, als Wort die (ontologische) Beziehung zwischen dem Geschaffenen und dem Ungeschaffenen und, was uns hier interessiert, als Christus ist er die Beziehung zum Nächsten, d.h. die Beziehung der Nähe. Er ist *der Nächste par excellence*, die metaphysische Grundlage der Beziehung der Nähe, die den Nächsten konstituiert (Borella).

AC. Daher treten die Menschen *durch* Ihn in eine Beziehung der Nähe zueinander. Daraus resultiert die Nächstenliebe!

BB. Und nicht zu vergessen die Feindesliebe! Man kann die Nächsten nicht in Segmente einteilen; sie sind alle Teil Christi, sie sind alle Christus, der *einzige* Nächste. Es sind die berühmten Worte: „Wer euch aufnimmt, nimmt mich auf" (Mt X,40) oder „Was ihr für einen meiner geringsten Brüder getan habt, das habt ihr mir getan"" (Mt XXV,40). Das ist seine „Hologrammität" in der Welt!

AC. Ich sehe, wie sich die Zeit nach dem Tod gestaltet.

BB. Natürlich! Zuvor möchte ich jedoch noch auf einige Dinge hinweisen:

Zunächst haben Sie darauf hingewiesen, dass es metaphysisch gesehen keinen so großen Unterschied zwischen dem platonischen Guten und dem Gott der Liebe des Christentums (oder übrigens auch dem mitfühlenden und barmherzigen Gott des Islam usw.) gibt. Daher verkörpert der Christus der Christen – von der Erde bis zum Himmel – das *Ziel* der Liebesbeziehung. Das Ziel des Liebesaktes ist nicht der andere als solcher, sondern der andere als Nächster, und der einzige Nächste ist Christus. Anders ausgedrückt: „Der Nächste ist die Materie der Nähe, Christus ist die ewige Form" (Borella).

Wenn Christus in jedem Menschen ist – seine Hologrammität –, dann bedeutet dies, dass jeder von uns Christus für andere ist.

AC. Es ist ein Paradoxon: Wir alle sind der Christus aller anderen, aber natürlich ist keiner von uns der Christus. Das Hologramm ist sowohl ein Bild der Essenz, die jenseits ist, als auch ein Bild der Kraft, die in jedem Menschen steckt.

BB. Ja, Christus bleibt der ganz Andere, Gott ist die Andersartigkeit par excellence. Wir haben es hier mit einer „mystischen" Konversion vom horizontalen Anderen zum vertikalen Anderen zu tun. Dies sind die ersten beiden Gebote, von denen es heißt, dass das zweite Gebot wie das erste ist.

AC. In der Bibel heißt es: „Du sollst den Herrn, deinen Gott, lieben" und „Du sollst deinen Nächsten lieben wie dich selbst".

BB. Wir können nun über die Zeit nach dem Tod sprechen.

Nach dem Tod

Die Perspektive wird in dem *Versprechen* Christi zusammengefasst: „Alle sollen eins sein, wie du, Vater, in mir bist und ich in dir bin, damit auch sie in uns eins seien" (Joh XVII, 21). Es ist immer das Bild des Hologramms, das uns helfen kann, dies zu denken.

AC. Das bedeutet, dass es eine Art „erzwungene" Solidarität zwischen allen Menschen gibt, oder?

BB. Diese Solidarität entspringt der einzigen Quelle, dem *Logos*, in dem alle Wesen geformt sind. Ob man ihn nun Christus nennt oder nicht, er ist die einzige Quelle aller; die Schöpfung ist hier religionsübergreifend.

Diese Solidarität entspringt ebenso sehr dem einzigen Ziel aller Menschen. Sie aufzugeben, solange es noch einen Menschen zu „retten" gibt, ist übrigens ein Weg, den zumindest der Buddhismus und das Christentum gemeinsam gehen: Die heilige Therese von Lisieux ist eine christliche Bodhisattva (Chenique).

AC. Wie würden Sie dieses Interview beenden? B. Man könnte es Meister Eckhart überlassen, dies zu tun: „Alle Geschöpfe kommen in meinem Intellekt zusammen, so dass sie in mir verständlich werden. Ich allein bereite sie darauf vor, zu Gott zurückzukehren". Aber, ohne den metaphysischen Operator zu vergessen, der die Liebe ist, zur Erschaffung der Wesen und zu ihrer abschließenden solidarischen Sammlung.

AC. Das ist es, was wir am Anfang sagten: Das Gute – jenseits des Seins – ist der Ursprung und das Ende.

Kapitel XII

Was ist Metaphysik?

Als letztes einer Reihe von zwölf Interviews schien es mir nützlich, den Lesern eine Art Zusammenfassung dessen zu bieten, was Metaphysik ist, natürlich aus der Sicht von Bruno Bérard.

AC. Könnten Sie zum Abschluss unserer verschiedenen Interviews die Frage beantworten: Was ist Metaphysik?

BB. Bisher sind wir bei der Veranschaulichung der Metaphysik von Beispielen ausgegangen: Materie, Sex, Glauben, oder von Vergleichen mit Wissenschaft, Religion, Esoterik, Mystik. Ich schlage vor, den Ansatz umzukehren: Wir beginnen damit, was Metaphysik (meiner Meinung nach) ist, und sehen dann, wie sie sich von Fall zu Fall auf die gesamte Welt, das Leben und den Tod anwenden lässt.

AC. Ist der Tod ein fröhlicher Abschluss? (lacht)

BB. Ja, ich werde versuchen, sie fröhlich zu machen.

Metaphysik als Epiphanie des Geistes

Metaphysik ist eine Epiphanie des Geistes – diese Formulierung entnehme ich Jean Borella -, d.h. eine Manifestation des Geistes im menschlichen Wesen.

Dies mag nach der Behauptung des Todes Gottes und der Reduzierung des Menschen auf einen bloßen Körper tatsächlich überraschen.

AC. Was meinen Sie mit der Reduzierung des Menschen auf einen Körper?

BB. Ganz einfach: Zu allen Zeiten und an allen Orten wurde die Dreiteilung des Menschen in Körper, Psyche und

Geist betrachtet. Man ging sogar so weit, dem Hl. Augustinus, zu denken, dass „der Geist der Geist des Vaters und des Sohnes *und der unsrige* ist" – das ist die Immanenz Gottes. Nach Descartes und vor allem Kant wurde der Mensch auf die Dualität von Körper und Psyche reduziert. Mit dem Evolutionismus, der Psychoanalyse und dem Neuro-Psychologismus schließlich ist der Mensch scheinbar nur noch ein Körper, von dem Gedanken ausgehen, die von mehr oder weniger identifizierten Determinismen bestimmt werden.

AC. In dem Ausmaß?!

BB. Dieser letzte Schritt wurde sogar philosophisch vertont mit der Behauptung einer dezentralisierten und auf die Individuen verteilten Vernunft (Derrida).

AC. Können Sie das näher erläutern?

BB. Wir haben gesehen, wie die Intelligenz oder der Intellekt die Vernunft überlagert und ergänzt, einerseits als Fähigkeit zu verstehen, was die Vernunft berechnet, und andererseits als Fähigkeit zur Intuition und zum Zugang zur Realität, d.h. eine menschliche Instanz, die offen ist für ein Licht, das sie übersteigt, ein „Sinn für das Übernatürliche" (Borella), wie man sagen könnte.

AC. Ich sehe es ganz deutlich!

BB. Descartes, ein wahrer Metaphysiker, neigte dennoch dazu, die beiden Instanzen, Vernunft und Verstand, in einer einzigen zu zerschlagen. Es blieben der Körper und die Psyche übrig, das ist der kartesische Dualismus, der ihm nachträglich zugeschrieben wurde. Kant ging dann sogar so weit, die beiden Dinge umzukehren, mit einer Vernunft an der Spitze der menschlichen Fähigkeiten, da die intellektuelle Intuition für ihn keine Bedeutung hatte, und darunter eine praktische Intelligenz, die Gegenstand der Psychologie und der IQ-Tests (Intelligenzquotient) werden sollte.

AC. Endlich eine Messgröße für Intelligenz, dann wissen wir ja, was das ist! – Das war ein Scherz! (lacht)

BB. Aber Sie haben Recht, denn auf die Frage „Was ist Intelligenz?" antworteten die Erfinder des Tests (Alfred Binet, 1857–1911, und Théodore Simon, 1873–1961) angeblich: „Aber genau das misst unser Test!" Zu ihrer Verteidigung muss man ihre pragmatische Sichtweise für pädagogische Zwecke anerkennen. Nach der kantischen Umkehrung war es jedenfalls logisch geworden, die geistige Beweglichkeit oder die Fähigkeit zum Kopfrechnen als Intelligenz zu bezeichnen, obwohl diese doch in erster Linie zur Vernunft gehören (deshalb spricht man heute fälschlicherweise von künstlicher Intelligenz statt von künstlicher Vernunft: diese geistige oder rechnerische Leistungsfähigkeit, die sich der Mensch dank der Computer angeeignet hat).

AC. Was ist mit der Endphase?

BB. Da es nur noch eine Vernunft gab, die über einem Körper stand, musste sie dekonstruiert werden. Derrida übernahm diese Aufgabe: Die Vernunft ist kein Allgemeingut mehr, der Sinn ist ohne absolute Bestimmung. Aus einem vernünftigen Tier ist ein Körper geworden, ein lebender Leichnam, ein Zombie.

AC. Aber nicht jeder wird in diese Geschichten hineingezogen, ob es sich nun um den Tod Gottes oder den Tod des Menschen handelt, nicht wahr?

BB. In der Tat spiegelten diese Denker das Denken ihrer Zeit wider.

AC. Episteme?

BB. Im Sinne von Foucault (1926-1984): das, was zu einer bestimmten Zeit in den Köpfen der Menschen ist. So ist das Denken von Kant nur eine Reflexion der Aufklärung in ihrer dunklen Seite, d.h. der kleinen individuellen Lichter, mit all dem Obskurantismus, den man ihnen heute zugesteht. Das neuere Derrida ist neben der Ideologie der Psychoanalyse und den notwendigerweise materialistischen Methodologien der Neurowissenschaften auch von der Zufälligkeit eines Jacques

Monod (1910-1976) geprägt, der heute nicht mehr existiert, der aber zu der Auffassung gelangte, dass:

> weiß der Mensch endlich, dass er allein in der gleichgültigen Weite des Universums ist, aus dem er zufällig hervorgegangen ist. Weder sein Schicksal noch seine Pflicht sind irgendwo niedergeschrieben.

AC. Wenn ich also zum Anfang zurückkehre, weit entfernt von diesen „Entgleisungen“, bedeutet Metaphysik, immer wieder die Erfahrung der Intelligenz oder des Intellekts als Empfänger von Licht oder Sinn zu machen und zu erkennen, dass diese transzendent sind.

BB. Dies ist für mich das Wesentliche der Metaphysik, ihre Möglichkeit und ihr Ausgangspunkt. Von hier aus wird die Metaphysik zu einem universellen Prüfstein.

AC. Wie?

Metaphysik als universeller Prüfstein

BB. Seine Verankerung in der Anerkennung eines Transzendenten verleiht ihm einen überhängenden Blickwinkel. Dieses Transzendente fungiert als Absolutum in Bezug auf die Relativität der Welt. Daher bilden alle materiellen und formalen Objekte aller Wissenschaften, aller möglichen Erkenntnisse den materiellen Gegenstand der Metaphysik[37]. Sie kann ein Urteil über alles abgeben.

AC. Wenn man Hl. Thomas von Aquin, Leibniz, Guénon oder Schuon, sind dies sogar Autoritätsurteile.

BB. Sie haben die Form, aber die Autorität ist nicht die von Thomas von Aquin, Leibniz, Guénon oder Schuon, sondern die des Standpunkts des Absoluten oder, genauer gesagt, eines *persönlichen* Standpunkts, der jedoch sowohl das Absolute als auch das Relative umfasst. Es gibt *sowohl* den Intellekt, der allen Menschen gemein ist, *als auch* den Metaphysiker, der

---

[37] Siehe S. 64 *ff.*

ihn erfährt; wir dürfen nicht vergessen, dass „nicht der Intellekt erkennt, sondern der Mensch" (Aristoteles). Der Mensch sieht mit dem Intellekt, aber er erzählt mit seiner Vernunft. Der Intellekt ermöglicht es ihm, jenseits von Begriffen die Essenzen aller Dinge zu betrachten, weil sie bereit sind, sich ihm zu geben. Um von ihnen zu sprechen, hat er nur die Poesie, Paradoxien und sogar Oxymora[38], und die Sprache des Konzepts. Wenn es darum geht, darüber zu sprechen, gibt es sowohl das, was ein metaphysischer Geist verstehen kann, als auch das, was zum Menschen gehört, seine Sprache, seine Geschichte, seine Idiosynkrasien. Der Spiegel, den die Intelligenz notwendigerweise darstellt, hat eine dunkle Seite (Borella).

AC. Dies gibt uns die Möglichkeit, jede metaphysische Rede oder jeden Metaphysiker, der sie hält, zu kritisieren, ohne das Unaussprechliche, das wir betrachten, oder die metaphysische Person, die ihre Erfahrung mit uns teilen möchte, in irgendeiner Weise zu beeinträchtigen.

BB. Richtig! Staub beeinträchtigt das Licht nicht. Und das gilt, in meinem Maße, für die Metaphysik, die ich zu teilen versuche. Es ist sogar gut, dass jeder metaphysische Diskurs kritisiert werden kann. Dass man sich nicht in der Autorität irrt.

AC. Letztendlich ist Gott die einzige Autorität.

Metaphysik als Theologie

BB. Es ist in der Tat Gott, und wie auch immer man ihn nennen mag: Die „Ursache vor der Ursache" (Archaeus), das „Universale Prinzip" (Philólaos), die „Erste Ursache" oder der „erste unbewegliche Motor" (Aristoteles), das „Eine Gute" (Platon, Plotin), oder, in neuerer Zeit, das „Erste Prinzip" oder die „Unendlichkeit" (Descartes), der „letzte Grund der Dinge" (Leibniz), das Absolute, die All-Möglichkeit, das Nicht-Sein

[38] Siehe Anhang 3.

(Guénon), das Über-Sein (Schuon), die letzte Realität (Chenique), usw.

AC. Diese große Variation im Vokabular ist nicht unbedeutend, aber „Gott" kann gut funktionieren.

BB. Ganz recht, und es ist bezeichnend, dass diese Metaphysiker bewusst eine Konfession haben. Sie sind ausnahmslos Christen, Muslime und Hindus.

AC. Aber was ist mit der Religion der griechischen Metaphysiker, 500 Jahre vor Christus?

BB. Es ist in der Tat die Religion, die den Geist für das Übernatürliche öffnet – für das, was den Menschen übersteigt, für die Einsicht, dass die Dinge nicht ganz aus sich selbst heraus bestehen, sondern ihren Ursprung in einem Jenseits haben. Mit dem Christentum entsteht auch erstmals der Begriff „Religion", und es ist erst seitdem möglich, die Religionen der Welt als solche zu erkennen und zu benennen.

Vor dieser Entwicklung kann man eher von sakralen Gesellschaften sprechen. Das ist beim „auserwählten Volk" offensichtlich und lässt sich im Alten Testament nachlesen – ebenso wie in Indien. Bei den Griechen genügt es, Parmenides oder Heraklit zu lesen, um auf eine sakrale Ordnung des Wissens zu stoßen. Gerade nach der Krise der Sophisten besteht Platons ganzes Bemühen darin, diese sakrale Ordnung reinen Wissens wiederherzustellen.

Bei ihm ist es die Dialektik der Begriffe, die es erlaubt, diese zu ihrer Idee, zu ihrem metaphysischen Ursprung zurückzuführen (Borella).Natürlich ist es die Religion, die den Geist für das Bewusstsein des Übernatürlichen öffnet, für das, was über den Menschen hinausgeht, für die Tatsache, dass die Dinge nicht vollständig da sind und ihre Ursache in einem Jenseits haben usw.

AC. Metaphysik bedeutet also, an Gott zu glauben!

BB. Zwangsläufig, würde ich sagen. Man kann das Transzendente nicht erfahren und Gott leugnen, es sei denn, man verfällt in die Widersprüche der Philosophen des Todes Gottes[39]. Darüber hinaus ist, wie auch immer man es nennen mag, wenn es einmal „erfahren" wurde, der Glaube etabliert.

AC. Und sagen Sie noch einmal, was es bedeutet, zu glauben.

BB. Um bis zum Grund vorzudringen, was Glauben eigentlich bedeutet, würde ich sagen: Es ist ein Voraus-Sterben.

Glauben heißt im Voraus sterben

AC. Aber gibt es nicht diesen Glauben, der von den symbolischen, affirmativen und negativen Theologien herrührt, über die Sie in einem früheren Interview gesprochen haben?

BB. Natürlich gibt es fast immer einen dogmatischen Glauben…

AC. Dogmatisch?

BB. Ich denke hier an *die* christliche Dogmatik – jenes System möglichst durchsichtig formulierter Aussagen über die Mysterien des Glaubens: der eine Gott in drei Personen, Christus als wahrer Gott und wahrer Mensch, und so weiter.

Allgemeiner gesprochen lässt sich hier von einem begriffsgebundenen Glauben sprechen: Allahu akbar („Gott ist größer") im Islam, „Es existiert nichts außer dem Selbst" im Hinduismus, ebenso wie die jeweiligen Lehren zur Schöpfung der Welt, zum Ende der Zeit, zu den menschlichen Daseinsmöglichkeiten nach dem Tod, sowie die Ideen von Caritas (im Christentum) oder Mitgefühl (im Buddhismus und Islam), und vieles mehr.

AC. Das ist eine Menge Wissen!

BB. Alles andere ist *letztlich* unsagbar, wenn nicht gar unerkennbar.

Das heißt, dass es in der Tiefe des Glaubens, wie in dem Gespräch über die Metaphysik des Glaubens gesagt wurde, fast

---

[39] Siehe S. 69 *ff.*

nichts mehr gibt. „Konzepte schaffen Götzenbilder von Gott“ (Hl. Gregor von Nyssa) und „es gibt in der Welt mehr Götzenbilder als Realitäten“ (Nietzsche).

AC. Diese Aufgabe von Konzepten ist der gnostische Moment der mystischen Theologie, als alles Wissen über Gott verleugnet wurde.

BB. Ja, aber nur, wenn man das Glück dieses gnostischen Moments hat, oder besser gesagt, wenn man von dieser Gnade profitiert. Man kann die Epiphanie des Geistes nicht provozieren oder erzwingen.

Es ist daher nicht angebracht, sich mit Gnosis zu beschäftigen. Sie ist Teil der notwendigen Entsagung. Eine solche Entsagung wird überall empfohlen: Christentum, Judentum, Islam, Taoismus:

> Selig sind die Intelligenzen, die ihre Augen schließen können (Hl. Dionysius Areopagita).
>
> Denn all unser Verständnis, das wir davon haben, bleibt so ungleich der Bedeutung dieser Geheimnisse in sich selbst und in Gott, dass man es für nichtig halten kann (Meister Eckhart).
>
> Gott ist nicht zu fassen
> Gott ist ein reines Nichts, kein Jetzt, kein Hier berührt Ihn,
> Je mehr Sie versuchen, ihn zu ergreifen, desto mehr entzieht er sich Ihnen. (Angelus Silesius)
>
> Intelligenz, Unterscheidung und Analyse können das *Dao* [Tao] nicht finden, nur *Xiangwang* (die Abwesenheit von Form und Absicht) kann erfolgreich sein (Zhuangzi).
>
> Wenn das Wissen dich nicht von dir selbst wegnimmt, dann ist die Unwissenheit hundertmal besser als dieses Wissen (Shams al-Tabrîzî).

> Was haben Sie verstanden? Was haben Sie gesucht?
> Denn alles ist so geheimnisvoll wie zuvor (*Zohar*, I, 1b).[40]

AC. Was bleibt also nach diesen Verzichtserklärungen?

BB. Es gibt immer noch ein „Ich", das aufgibt; dieses „Ich" muss noch aufgegeben werden: „Die Individualität muss verzehrt werden" (Ramana Maharshi). Man muss sich selbst sterben, aber weit über eine einfache Selbstverleugnung hinaus. Man muss völlig hoffnungslos sein, leer von der gegenwärtigen und zukünftigen Welt (Ibrāhīm b. Adham), nackt, leer, unpersönlich (*anattā*), vernichtet. Man muss dem Ich erlauben, sich zu verneinen (Kitarō Nishida), zur Leere (*śūnyatā*) zu werden, zu erlöschen (*al-fanā'*)...

> Wer zu Gott kommen will, muss mit nichts kommen (Meister Eckhart).

> Die Selbstvernichtung:
> Der Zustand der Vernichtung, der allein über Ihnen liegt, erhebt Sie;
> Der am meisten vernichtete Mensch hat die größte Göttlichkeit.

> Nichts zu werden bedeutet, Gott zu werden:
> Nichts wird, wer ist, wenn Sie nicht zuerst Nichts sind,
> Sie werden nie aus dem ewigen Licht geboren werden.
> (Angelus Silesius)

So bleibt ein ontologischer Rest: ein reines Hervortreten, ein Überschuss an Sein, *ein Hauch von Sein, durchduftet von Hoffnung* – ein reines Glauben.

---

[40] Siehe *Einführung in eine Metaphysik der christlichen Mysterien*, Schlussfolgerung: Gnosis, unendliche Unwissenheit.

ANHANG 1

DIE LINIE DER ANALOGIE[41]

Platon, *Republik*, L. VI und VII

Ein-Gut über alles hinaus

	ORDNUNG DES SEINS	*ORDNUNG DES WISSENS*	
Region von das Verständliche	***Ideen***	Wissen intuitiv durch Dialektischer Aufstieg des ***Intellekts*** (*noèsis*)	Wissenschaft
	Konzepte (Mathematik)	Wissen hypothetisch-deduktiv aus ***diskursiver Vernunft*** (*Dianoia*)	
Region des empfindlich	***Realitäten*** und hergestellt	Wissen durch ***Glauben in der Erfahrung*** (*pistis*)	Meinung
	Bilder und Reflexionen	Wissen durch ***Imagination*** und *Vermutung* (*eikasia*)	

[41] *Vgl. Jean Borella, La Révolution métaphysique (Jean Borella, die metaphysische Revolution),* S. 264 (nach Jean Borella, *Penser l'analogie*, ad solem, 2000).

Anhang 2

Die „Heilung" in zwei Schritten[42]

Tradition	**„Erste Zeit"** *Zentrierung in der Horizontalität der Weite*	**„Zweite Zeit".** *Verherrlichung durch die Senkrechte in diesem Zentrum*
Sufismus	*al-fanā'* (Aussterben)	*fanā' al-fanāi* (Löschung der Löschung)
Hinduismus	*nirvāṇa* *(nivritti)* (Ausschalten, Zurückkehren)	*Parinirvāṇa (parinivritti* (vollständiges Erlöschen)
Judentum	*Sch'mittah* Gottes Gegenwart	*Yobel* Höchste Erleuchtung und Identität
Taoismus	*tchenn-je* (echter Mann)	*cheun-je* (transzendenter Mensch)
Hînayâna-Buddhismus	*Sopādhiśeṣanirvāṇa* (Arhat-Zustand: befreit)	*Nirupādhiśeṣanirvāṇa* (vollständige Freigabe)
Mahâyâna-Buddhismus	*Bodhi* (skt), *Satori* (Japan) (Erwachen)	*Pratiśītanirvāṇa* (Erreichen des *Buddha-Status*)
Christentum	Beleuchtet Jungfrau werden *Der neue Mensch der Erlösung*	In Nächstenliebe verzehrt Christus gebären *der perfekte Mann der Parusie und des Pleroma*
	Immanenz	***Transzendenz***

[42] Siehe *Introduction à une métaphysique des mystères chrétiens* (2005), S. 215; *Initiation à la métaphysique* (2008), S. 88; « *La Guarigione in due tempi* » (Übersetzung von Aldo La Fata, *Il Corriere Metapolitico*, April 2021).

Anhang 3

Einige Texte über Glauben

Dies ist mein Gebet. Für dich, lieber Timotheus: Übe dich unaufhörlich in der mystischen Kontemplation. Gib alle sinnlichen Wahrnehmungen auf, verzichte auf jedes intellektuelle Denken, lege alles ab, was dem Sinnlichen wie dem Intelligiblen angehört.

Entledige dich gänzlich sowohl des Nicht-Seienden als auch des Seienden – und erhebe dich, so weit du nur kannst, um dich in der Unwissenheit mit dem zu vereinen, der jenseits jeglicher Wesenheit und allen Wissens ist.

Denn wenn du alles – auch dich selbst – auf unwiderstehliche und vollkommene Weise hinter dir lässt, dann wirst du in reiner Ekstase zum dunklen Strahl der göttlichen Überwesenheit aufsteigen, indem du alles verlässt und dich von allem löst. (Hl. Dionysius Areopagita, *Die mystische Theologie*, Kap. I, §1)

Wenn ich zu Gott zurückkehre, ohne dort zu verweilen, und in die Gottheit zurückkehre, dann ist dieser Durchbruch viel edler als mein Hervortreten. Ich allein bringe alle Geschöpfe aus ihrem Ursprung hervor, damit sie in mir zur Einheit werden.

Wenn ich den Grund und das Bett, den Bach und die Quelle der Gottheit erreiche, fragt mich niemand, woher ich komme oder wo ich gewesen bin. Dort hat niemand meine Abwesenheit bemerkt – denn dort verschwindet Gott. Selig ist, wer diese Predigt verstanden hat. Wäre hier niemand gewesen, ich hätte sie für diese Almosenschale gehalten.

Es gibt arme Leute, die nach Hause gehen und sagen: „Ich bleibe, wo es mir gut geht, esse mein Brot und diene Gott.“ Ich sage es bei der ewigen Wahrheit: Solche Menschen bleiben in ihrer Verirrung. Niemals werden sie das erreichen oder gewinnen, was jene gewinnen, die Gott in Armut und im Exil nachfolgen. Amen. (Meister Eckhart, „Alle Geschöpfe versammeln sich in meinem Verstand…“, Aubier, S. 244)

Der Mensch muss so arm sein, dass er kein Ort ist und keinen Ort in sich hat, an dem Gott nicht wirken könnte. […] Darum bitte ich Gott, mich von Gott zu befreien. Denn mein eigentliches Wesen steht über Gott – zumindest insofern wir Gott als den Ursprung der Geschöpfe begreifen. In diesem Wesen Gottes, das über dem Wesen der Dreifaltigkeit steht – einer Dreifaltigkeit, die noch in sich selbst unterschieden ist –, war ich ich selbst, wollte ich mich selbst und erkannte ich mich selbst, um den Menschen zu erschaffen, der ich hier auf Erden bin.

Darum bin ich – meinem Wesen nach – meine eigene Ursache: ewig im Sein, aber nicht im Werden, denn dieses ist zeitlich. Deshalb bin ich ungeboren – und kraft meiner ewigen Geburt kann ich nie mehr sterben. Nach dieser ewigen Geburt war ich ewig, bin es jetzt und werde es ewig bleiben. Was ich aber als zeitliches Geschöpf bin, wird sterben und vergehen, denn es gehört zur Zeit und muss mit der Zeit vergehen. Doch in meiner ewigen Geburt wurden alle Dinge geboren: Damals war ich die Ursache von mir selbst und von allen Dingen. Wenn ich es damals nicht gewollt hätte, dann wären weder die Welt noch ich. Und wenn ich nicht wäre – dann wäre auch Gott nicht. Dass Gott Gott ist – dazu bin ich eine Ursache. Wenn ich nicht wäre, wäre auch Gott nicht.

[…] Doch in meinem Durchbruch bin ich meines eigenen Willens beraubt – frei selbst vom Willen Gottes und all seinen

Wirkungen, ja sogar frei von Gott selbst. Dort bin ich über allen Geschöpfen, nicht mehr Gott, nicht mehr Kreatur – aber ich bin, was ich war und was ich jetzt und in alle Ewigkeit sein werde. Dann tritt etwas in mich ein, das mich über alle Engel erhebt. In diesem Durchbruch empfange ich einen Reichtum, so groß, dass Gott – als das, was er ist, und mit all seinen göttlichen Wirkungen – mir nicht mehr genügen kann. Denn in diesem Durchbruch empfange ich dies: dass Gott und ich eins sind. Dort bin ich, was ich war. Ich wachse nicht, ich falle nicht – denn dort bin ich eine unbewegliche Ursache, die alle Dinge bewegt. Dann findet Gott keinen Ort mehr im Menschen. Denn der Mensch gelangt durch diese Armut zu dem, was er von Ewigkeit her war und immer sein wird. Dann ist Gott eins mit dem Geist – und das ist die tiefste Armut, die es überhaupt gibt.

Wer diese Rede nicht versteht, der soll sie sich nicht in den Kopf setzen. Denn solange der Mensch nicht dieser Wahrheit gleich geworden ist, wird er diese Rede nicht verstehen. Denn es ist eine nackte Wahrheit, die direkt aus dem Herzen Gottes kommt.

Möge es uns geschenkt sein, so zu leben, dass wir dies mit Gottes Hilfe auf ewig erfahren. Amen. (Meister Eckhart, „Warum wir uns von Gott selbst befreien müssen", Aubier, S. 254)

Dann bleibt in unserem Intellekt nichts anderes übrig, als dass er einfach ist – und weiter nichts. Doch schließlich verneinen wir dieses Sein auch, so wie es sich in den geschaffenen Dingen zeigt, und entziehen es ihm. Dann verbleibt der Intellekt in einer Art Nacht der Unwissenheit, die uns – so vollkommen wie nur möglich in diesem Leben – mit Gott vereint. (Hl. Thomas von Aquin, *Kommentar zu den Sentenzen* I, Dist. XIII, Art. 1, Res. 4);

Nichts macht den Menschen gottähnlicher als diese unberührte Loslösung. Doch diese Ähnlichkeit muss durch die Gnade hervorgebracht werden – eine Gnade, die den Menschen über das Zeitliche erhebt und ihn von allem Vergänglichen reinigt. (Meister Eckhart, „Von der Loslösung")

Das göttliche Leben ist in der Tat das Urbild des Menschen, der nach dem Bild Gottes geschaffen ist. In ihm offenbart sich – durch die Gnade – die vollkommene Äquivalenz in der Caritas zwischen völliger Armut und absolutem Reichtum: jene ideale Liebe (Caritas), die alles gibt (Reichtum) und nichts erwartet (Armut). „Nichts erwartet" – denn die geistliche Hoffnung ist nicht zu verwechseln mit dem bloßen natürlichen Erwarten: die Hoffnung auf das Unsagbare ist nicht die Hoffnung auf ein denkbares Gut. „Auch wenn Er mich tötet – ich werde weiter auf Ihn hoffen", sprach Hiob (13,15).

Denn es ist das absolute Vertrauen in die Liebe Gottes, das – durch die Gnade – die völlige Hingabe möglich macht.

Denn es ist „der Geist selbst, der mit unaussprechlichem Seufzen für uns eintritt" (Röm 8,26). (*Introduction à une métaphysique des mystères chrétiens / Einleitung in eine Metaphysik der christlichen Mysterien*)

Denn alles, was mit dem Verstand erfasst oder mit den Sinnen wahrgenommen werden kann, ist nichts anderes als das Erscheinen des Unscheinbaren, die Manifestation des Verborgenen, die Bestätigung des Verleugneten, das Verstehen des Unverständlichen, das Aussprechen des Unaussprechlichen, der Zugang zum Unzugänglichen, die Verständlichkeit des Unverständlichen, die Körperlichkeit des Unkörperlichen, die Wesenswerdung des Überwesentlichen, die Formgebung des Formlosen, das Messen des Unmessbaren, das Zählen des Unzählbaren, das Wägen des Unwägbaren, die Verkörperung des Geistigen, die Sichtbarkeit des Unsichtbaren, die Verortung des Nicht-Ortes, die Zeitwerdung des Zeitlosen, die Zielbestimmung des Unendlichen, die Umschreibung des Ungeschriebenen… (Johannes Scottus, *Periphyseon* III, 633AB)

Das einzige Interesse der Hermeneutik – der Auslegung, der Sinnsuche – besteht also darin, dorthin zu führen, wo sie nicht mehr gilt, weil dort das Wissen zum Sein werden kann, wo Hermeneutik unmöglich und daher überflüssig wird. Denn es liegt im Wesen eines Weges, dass sein Ziel nicht mehr Weg ist – per definitionem.

Dort ist der ontologische Saldo vollkommen frei von relativer Wahrheit, persönlichem Weg und eigenem Leben: das ist die Jungfrau Maria.

Dort kann eben dieser ontologische Saldo, dieses jungfräuliche Geschöpf, die einzige Wahrheit, den einzigen Weg und das wahre Leben heiraten: das ist Christus.

Diese absolute Wahrheit und dieses ewige Leben sind der einzige Weg zum Vater, durch die totale Hingabe des Sohnes im Geist.

Dort beginnt der unbewegte Strudel der absoluten und gegenseitigen Selbsthingabe der drei Personen, die sich, wie der heilige Johannes Damascenus sagt, „gegenseitig enthalten“: das ist die Dreifaltigkeit. (*Introduction à une métaphysique des mystères chrétiens / Einführung in eine Metaphysik der christlichen Mysterien*)

Index der Namen

A

Adam · 58, 128
Adham, Ibrāhīm b. · 163
Al-Fārābī · 27
Anselme, S. · 73, 108, 110, 111
Archénète · 159
Aristoteles · 13, 14, 15, 19, 21, 23, 24, 27, 29, 45, 53, 54, 55, 57, 59, 60, 63, 66, 67, 68, 70, 72, 75, 95, 96, 98, 99, 103, 104, 108, 109, 112, 116, 128, 133, 138, 144, 159, 180
Athanasius (Hl.) · 150
Aubenque, Pierre · 23, 54, 60
Aufrichtigen Brüder · 140
Augustinus (Hl.) · 53, 59, 71, 73, 104, 150, 156
Averroès · 27

B

Bastaire, Jean · 124
Behe, Michael · 104
Benedikt XVI. (Papst) · 123
Benzine, Rachid · 94
Bergson, Henri · 27, 64
Biale, David · 124
Blanke, Olaf · 107
Blondel, Maurice · 27, 64
Bonaventura (Hl.) · 27, 71, 96, 97, 140, 180
Borella, Jean · 6, 7, 8, 20, 23, 24, 25, 27, 31, 36, 38, 39, 40, 41, 42, 54, 56, 60, 66, 68, 69, 70, 71, 77, 78, 79, 80, 81, 82, 83, 84, 85, 86, 87, 88, 90, 93, 98, 99, 101, 102, 105, 108, 109, 110, 111, 112, 114, 118, 127, 128, 135, 149, 151, 155, 156, 159, 165, 180, 181
Borg, Jacqueline · 107
Bossuet, Jacques-Bénigne · 64, 104
Brach, Jean-Pierre · 87
Brahmā (Dieu) · 134
Burckhardt, Titus · 77, 101
Buren, Paul Matthews van · 70

C

Carnap, Rudolf · 106, 137
Carrère Emmanuel · 47
Carter, Brandon · 104
Chanterelle, ép. de Lanza del Vasto · 38
Charrak, André · 72
Chenique, François · 17, 35, 36, 38, 41, 42, 65, 71, 81, 82, 85, 97, 99, 101, 135, 153
Christ · 21, 60, 82, 83, 160, 167

Clarke, Samuel · 104
Clauberg, Johann · 21
Clemens von Alexandria · 139, 140
Comte-Sponville, André · 50
Coomaraswamy, Ananda · 76, 101
Craig, William Lane · 103, 105

D

Darwin, Charles · 49
Dawkins, Richard · 49
Dembski, William · 104
Derrida, Jacques · 6, 78, 137, 156, 157
Descartes, René · 27, 64, 72, 78, 91, 108, 109, 111, 156, 159, 180
DeWitt, Brice · 138
Dionysius Areopagita (Hl.) · 42, 59, 98, 117, 148, 162
Dogen · 27
Dubost, Mgr · 82
Duméry, Henry · 96
Dun Scott · 59

E

Eckhart, Meister · 27, 42, 59, 72, 131, 148, 153, 162, 163
Epley, Nicholas · 107
Espagnat, Bernard d' · 137, 138
Evdokimov, Paul · 124
Ève · 128
Evola, Julius · 23, 90, 91, 123

F

Ferry, Luc · 49, 52
Feuerbach, Ludwig · 78, 107
Foucault, Michel · 157
Freud, Sigmund · 6, 51, 78, 107
Frossard, André · 113

G

Galilée · 78
Gandhi · 38
Gauchet, Marcel · 48, 49
Gil, Fernando · 115
Gilson, Etienne · 71, 96, 99
Gouhier, Henri · 97
Gregor von Nyssa (Hl.) · 162
Guénon, René · 8, 21, 23, 25, 27, 41, 42, 57, 58, 59, 74, 75, 76, 77, 79, 99, 101, 145, 147, 158, 160, 180

H

Hamilton, William · 70
Hawking, Stephen · 50, 106, 107
Hegel, Georg Wilhelm Friedrich · 48
Heidegger, Martin · 23, 24, 27, 80, 101, 137
Heine, Heinrich · 48
Heisenberg, Werner · 138
Heraklit · 22, 91
Hermès Trismégiste · 139

I

ibn ʿArabī · 27, 90, 127
Idel, Moshe · 124
Inwagen, Peter van · 106
Ishvara (Dieu) · 75

J

Jeans, James · 136

K

Kant, Immanuel · 6, 23, 48, 59, 64, 78, 80, 91, 99, 101, 105, 106, 108, 109, 110, 111, 115, 124, 137, 156, 157
Krisnamurti, Jiddu · 98
Kues, Nikolaus von · 76, 140, 149
Kûkai · 27

L

La Fata, Aldo · 25, 87
Lachièze-Rey, Marc · 137
Lakṣmī (parèdre de Viṣṇu) · 134
Landauer, Rolf · 132
Landry, Bernard · 72
Lanza del Vasto · 36, 38, 93
Lao Tseu · 27
Laplace, Pierre-Simon de · 20, 106
Laurant, Jean-Pierre · 58, 87, 144
Leibniz, Gottfried Wilhelm · 27, 47, 72, 73, 91, 99, 103, 104, 107, 108, 111, 128, 158, 159, 180

M

Maharshi, Ramana · 163
Mlodinow, Leonard · 50
Mokdad, Mensia Arfa · 127
Monod, Jacques · 158
Muhammad (prophète) · 55

N

Nagarjuna · 27
Napoléon · 20
Nédoncelle, Maurice · 105
Nerval, Gérard de · 48
Newman, John Henry (S.) · 105
Newton, Isaac · 20, 136
Nietzsche, Friedrich · 45, 46, 52, 78, 91
Nishida, Kitarō · 28, 163

O

Onfrey, Michel · 49
Origenes · 56, 139

P

Paley, William · 104
Pamphile · 36, 41, 46, 85
Pārvatī (parèdre de Śiva) · 134
Pascal, Blaise · 32, 46, 52
Persinger, Michael · 107
Philólaos · 159
Planck, Max · 94, 136

Platon · 22, 23, 25, 27, 29, 31, 45, 53, 55, 57, 59, 60, 63, 64, 66, 67, 71, 72, 74, 75, 89, 90, 91, 94, 95, 96, 98, 99, 103, 104, 108, 124, 133, 136, 138, 144, 148, 159, 165, 180
Plotin · 27, 159
Pryen, Denis · 34

Q

Quine, Willard Van Orman · 102

R

Rolland, Romain · 51
Russell, Bertrand · 106

S

Śakti (déesse) · 126
Śaṅkara · 27, 75
Sarasvatī (parèdre de Brahmā) · 134
Schaya, Leo · 56, 77, 101
Schopenhauer, Arthur · 28, 64, 91, 108, 124
Schrödinger, Erwin · 88
Schuon, Frithjof · 21, 24, 27, 56, 58, 65, 75, 76, 77, 79, 99, 101, 148, 158, 160, 180
Scot, Jean · 140
Shams al-Tabrîzî · 162
Sheldrake, Rupert · 104
Sherrard, Philip Owen Arnould · 124
Silesius, Angelus · 59, 121, 162, 163
Śiva (Dieu) · 126, 134
Smith, Wolfgang · 50, 87, 104, 131
Spinoza, Baruch · 91
Stéphane, abbé · 42, 77, 81, 82

T

Thomas von Aquin (Hl.) · 27, 39, 53, 59, 63, 68, 69, 70, 71, 93, 96, 98, 103, 104, 106, 110, 122, 133, 158, 180

V

Vahanian, Gabriel · 70
Vernes, Jules · 150
Viṣṇu (Dieu) · 134
Voltaire · 50, 73, 103

W

Weber, Max · 48, 49
Weil, Simone · 29

Z

Zhuangzi · 162
Zolli, Israel · 113

Ausführliches Inhaltsverzeichnis

Exergue 11

Kapitel I. Metaphysik und Wissenschaft **13**

Woher kommt das Wort "Metaphysik"? *13*

Was ist eine Wissenschaft? *14*

Die Grenzen der Wissenschaft. *17*

Was ist das Sein? *19*

Was ist mit dem Nicht-Sein? *21*

Die Grenzen der Metaphysik. *23*

Die Fallstricke der Metaphysik *25*

Kapitel II. Metaphysische Biographie **27**

Worte und Gedanken *28*

Die anderen, die Alter Egos *32*

Welches Berufsleben? *33*

Vier wichtige Begegnungen. *35*

Initiation, Initiationsbücher *41*

Kapitel III. Metaphysik und Religion **45**

Ist Gott wirklich tot? *45*

Die Sprachen der Metaphysik und der Religion *53*

Christliche Metaphysik *58*

Kapitel IV. Metaphysik und Metaphysiker **63**

Metaphysik, materielles Objekt und formales Objekt *63*

Einige Metaphysiker *66*

Platon 66

Aristoteles 67

Hl. Thomas von Aquin 68

Hl. Bonaventure 71

Descartes 72

Leibniz 73

René Guénon 74

Frithjof Schuon 75

Jean Borella 77

Kapitel V. Ein Abenteuer in der Metaphysik **81**

Metaphysik der christlichen Mysterien (2005) *81*

Jean Borella , die metaphysische Revolution (2006) *84*
Einführung in die Metaphysik. Die drei Träume (2008) *85*
Gemeinsame Bücher *85*
WAS IST METAPHYSIK? 85
METAPHYSIK DER 86
METAPHYSIK UND 86
PHYSIK UND 87
Metaphysik des Paradoxons (2019) *88*
Lacuria (2020) *89*
Metaphysik des Geschlechts (2022) *90*
Demokratie der Zukunft, Teilung der Macht (2022) *91*

KAPITEL VI. METAPHYSIK UND MYSTIK **95**
Rationale Metaphysik und mystische Metaphysik *95*
Was man über das Unaussprechliche sagen kann *99*
Beweise für die Existenz Gottes *102*
Gotteserfahrungen *108*

KAPITEL VII. METAPHYSIK DES GLAUBENS **113**
Glauben oder Wissen? *114*
Wissen oder kennen? *115*
Woran man glaubt. *117*
1. SYMBOLISCHE THEOLOGIE, *118*
2. AFFIRMATIVE THEOLOGIE, *118*
3. NEGATIVE THEOLOGIE, *118*
4. MYSTISCHE THEOLOGIE. *119*
Was ist Glauben? *119*

KAPITEL VIII. METAPHYSIK DES GESCHLECHTS **123**
Hintergrund einer Metaphysik des Geschlechts *123*
Geschlecht, Gender, Sexualität: aktueller Stand *125*
Was ist mit der Liebe? *125*
Sexuelle Techniken *126*
Metaphysik des Geschlechts und der Geschlechter *127*

KAPITEL IX. METAPHYSIK UND MATERIE **131**
Thema - Wissenschaftliches Verständnis *131*
Materia - philosophisches Verständnis *133*
Kosmische Substanz - ein traditionelles Verständnis *134*
Schöpfung ex nihilo - christliches Verständnis *135*
Metaphysische Schlussfolgerungen *136*

KAPITEL X. METAPHYSIK UND ESOTERIK 139
Esoterik, eine kurze Bestandsaufnahme *139*
Esoterik oder Esoterik? *141*
Esoterik und Metaphysik *142*

KAPITEL XI. METAPHYSIK UND DIE ZEIT NACH DEM TOD 147
Vom Ursprung des *148*
Das Jenseits des Seins *148*
Das christologische Hologramm *150*
Nach dem Tod *152*

KAPITEL XII. WAS IST METAPHYSIK? 155
Metaphysik als Epiphanie des Geistes *155*
Metaphysik als universeller Prüfstein *158*
Metaphysik als Theologie *159*
Glauben heißt im Voraus sterben *161*

ANHANG 1. DIE ANALOGIE-LINIE *165*
ANHANG 2. DIE "HEILUNG" IN ZWEI SCHRITTEN *167*
ANHANG 3. EINIGE TEXTE ÜBER DEN GLAUBEN *169*
Index der Namen *175*

Printed in France by Amazon
Brétigny-sur-Orge, FR

30317412R00105